박물관의 최전선

박물관의 최전선

박찬희 지음

빨간소금

박물관의 최전선에서

"내 눈으로 직접 유물을 보고 만질 수 있다니!"

박물관에서 30대를 온전히 보냈다. 대학원 과정을 마치고 박물관에서
일하기 시작했다. 그곳은 도자기, 토기, 책으로 이름난 호림박물관이었다.

그 뒤 11년 동안은 유물을 보고 만지고 살펴보고 연구하고 전시하는
날들의 연속이었다. 토기부터 목가구까지 다양한 분야의 유물을 두루 접했다.
박물관에서 일하지 않았다면 누릴 수 없는 값지고 특별한 경험이었다. 손으로
유물을 만질 때 전해오는 짜릿한 촉감이란.

특별전이 시작되면 전시실에서 관람객을 만났다. 텅 빈 기획전시실이
하나둘 채워지며 완성되는 과정을 보면 내 손으로 준비하면서도 신기했다.
얼핏 보기에 후딱 만들어진 것처럼 보여도 시간과 노력이 들어가지 않은
전시는 없다. 특별전 오프닝 행사가 끝나고 다음 날 일반 관람이 시작되면 늘
설레었다. 호림박물관에는 큐레이터의 전시 설명이 정기적으로 있었는데,
정말 즐겁고 소중한 시간이었다. 관람객에게 전시와 유물 이야기를 들려줄 때
나도 모르게 힘이 났다.

그러던 2009년 서울 강남구 신사동에 호림박물관 신사분관이 문을 열었다.
관악구 신림동 신림본관에서 근무하다 개관 준비를 위해 신사분관으로
옮겼다. 도심 한복판에 자리 잡은 신사분관의 분위기는 주택가에 있는

신림본관과 달랐다. 건물도 역동적이어서 새로운 박물관을 다니는 것 같았다.

그런데 2010년, 고민 끝에 10년을 넘게 다닌 박물관을 떠났다. 당시 육아 휴직이 끝나는 아내의 뒤를 이어 아이를 키우고 싶었다. 또 박물관이라는 실내에 근무하다 보니 답답했다. 문화유산을 찾아 밖으로 돌아다니고 싶은 욕망이 컸다.

주위의 걱정으로 시작한 새로운 생활은 낯설었다. 아이를 키우는 일은 예상보다 힘들었다. 특히 사회적 단절감과 고립감이 몰려올 땐 무기력해졌다. 물론 아이와 함께한 시간은 무엇보다 소중했다. 이때의 특별한 경험을 그냥 흘려보낼 수 없어 책을 냈다. 《아빠를 키우는 아이》이다. 예상했던 대로 책은 많이 팔리지 않았지만 뜻밖에 언론과 방송의 주목을 받았다.

어느덧 거친 육아의 파도가 지나가고 생활이 잔잔해졌다. 먼저 오랫동안 미뤘던 숙제를 시작해 몽골 여행의 경험을 모은 책 《몽골 기행》을 펴냈다. 후련했다. 그리고 박물관으로 돌아왔다. 이번에는 큐레이터가 아니라 관람객이 되어 오늘은 이 박물관, 내일은 저 박물관으로 방랑했다. 야외의 문화유산을 찾아가는 것도 좋았지만 박물관을 방랑하는 맛도 대단했다.

방랑을 하며 박물관이 더 좋아졌다. 박물관은 혼자 어슬렁거리기 좋았다. 어슬렁거리는 시간이 점차 늘어나 어느 날은 아침부터 저녁까지 그렇게 하기도 했다. 전시 자체가 하나의 거대한 작품으로 다가온 건 이때였다. 전시는 내가 전시실에 들어갔다 떠나는 순간 완성되는 작품이었다. 마음에 드는 전시는 몇 번이고 또 봤다. 일정한 시간이 지나면 다시 보지 못할 작품이기 때문에 더 그랬다. 가면 갈수록 좋아졌고 보면 볼수록 깊이 빠져들었다.

직업병 때문인지 처음에는 몇몇 전시 기법만 보이더니 점점 보이는 게

늘어나 어느새 까다로운 평론가의 눈이 되었다. 머릿속에 전시 구성 요소
체크리스트를 만들어 확인해나갔다. 제목, 주제 의식, 공간 구성, 디자인, 유물,
진열장 내 유물의 조화, 전시실의 전체적인 분위기, 조명, 관람객의 동선, 영상,
전시에 사용된 텍스트 등을 살펴보다 보면 몇 시간이 훌쩍 지나갔다. 때로
대규모 전시를 만나면 한숨이 나오기도 했다. 이걸 꼼꼼하게 보려면 진이
다 빠진다는 걸 몸이 미리 알았다. 그래도 몸은 부지런하게 움직였다. 좋은
전시일수록 주제 의식이 치열했고 전시는 반짝거렸다.

　박물관에 자주 가면서 다른 측면으로 박물관을 보기 시작했다. 박물관이
할 수 있는 역할은 무엇일까? 박물관에 다닐 때는 주로 유물을 수집하고
연구하고 전시하고 교육하는 기본적인 역할에 관심이 있었다. 이 역할은
지금도, 앞으로도 중요하다. 지금은 박물관의 확장성을 고민한다. 박물관은
관람객들에게 지식과 유물을 알아가는 즐거움을 주고 감상하는 기쁨을 준다.
때로는 고정관념에 균열을 내고 인식의 폭을 확장시키고 성찰하는 기회를
마련해 새로운 발걸음을 이끈다. 영상의 비중이 높아지는 시대에 자신의
감각을 열어 실물과 대면하는 기회를 제공한다. 그뿐만 아니라 관람객이 잠시
긴장을 내려놓고 쉬고 즐길 수 있는 곳이 될 수 있다. 이렇게 보면 박물관은 할
수 있는 일도, 해야 할 일도 많은 곳이다.

　박물관뿐만 아니다. 관람객도 다시 보였다. 나도 관람객이다 보니 다른
사람들이 전시를 보는 방법과 박물관에 대한 생각이 궁금했다. 관람객이
어떻게 전시를 보는지 살펴보기 시작했다. 자세히 알기 위해 여러 그룹의
사람들과 함께 전시를 봤고 그들의 이야기를 들었다. 열 사람이 오면 열 사람
모두 전시의 인상이 달랐다. 전시는 관람객의 마음 끝에서 완성되었다. 또

기회가 있을 때마다 박물관을 어떻게 생각하는지, 어떻게 이용하는지 묻곤 했다. 관람객이 수동적인 대상이 아니라 박물관을 움직이는 중요한 주체라는 사실을 뒤늦게 알았다.

그사이 유물을 대하는 관점도 상당히 달라졌다. 이전에는 유물 자체에 집중했다면 이제는 유물이 들려주는 다양한 이야기에 귀 기울인다. 때로는 진열장과 박물관을 벗어날 때 속 깊은 이야기가 들렸다. 유물을 사람들과 연결시켜 살펴보자 유물이 생생하게 살아났다. 종종 유물 앞에서 당혹스러워하는 관람객들을 만났다. 유물과 관람객 사이에 놓인 거리감을 줄이고 진입 장벽을 낮추는 방법이 궁금했다. 그러다 보니 유물과 관람객이 연관 검색어처럼 짝을 이뤄 따라다녔다.

이제부터 그간의 여정을 들려주려 한다. 박물관과 유물에 대한 지식보다 주로 경험들이다. 이야기의 주무대는 큐레이터로 일했던 호림박물관과 국립중앙박물관이다. 국립중앙박물관은 박물관을 그만둔 10년 동안 가장 많이 다녀간 곳이다. 나의 이야기가 여러분의 발걸음을 박물관으로 이끈다면 더할 수 없이 좋겠다. 거듭되는 발걸음으로 박물관을 명사에서 동사로 만들기를 바란다.

21년 봄날, 박찬희

1짱 새로움을

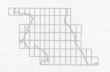

만나는 공간

1
신라 금관이 열어준 상상

지금까지 여행을 가장 많이 다녀온 나라는 단연 몽골이다. 2005년에는
몽골의 수도 울란바토르에서 800여 킬로미터 떨어진 흡스글 호수로
여행을 떠났다. 그곳은 세상에서 가장 깨끗한 호수라고 알려졌으며
몽골인들은 바다라고 불렀다. 흡스글 호수로 가기 전 꼭 보고 싶은 유물이
있었다. 돌에 사슴을 새긴 사슴돌이었다. 여행을 떠나기 전 만난 몽골
연구자는 흡스글 호수 초입에 있는 이 유물은 꼭 봐야 한다고 강조했다.
도대체 어떤 유물이기에 그렇게까지 보라는 걸까? 이 궁금증을 풀기
위해서라도 꼭 찾아가고 싶었다. 몽골 여행이 그렇듯 이정표 없는 길을
물어물어 길 없는 길을 내달렸지만 보이는 건 오로지 초원뿐이었다.

인내심도 슬슬 바닥나기 시작하고 그동안 잘 참고 버티던 작은 버스마저 더 이상은 어렵다고 비명을 내지를 즈음이었다.

연두빛 초원에 신기루처럼 기둥들이 보이기 시작했다. 대지에 단단히 뿌리박은 나무들처럼 보였다. '내가 보는 게 진짜인가?' 눈을 의심하는 사이, 나무들은 어느새 사각형 돌기둥으로 바뀌었다. 초원을 가로지르는 수평선에 꽂힌 수직의 기둥들은 기념비처럼 초원 한 곳에 늘어섰다. 그곳에 도착하자 놀랍게도 초원 어디선가 한 청년이 다가왔다. 유적 관리인이었다.

"이 돌들은 사슴돌입니다. 기둥마다 사슴을 새겨놓았어요. 옛날 사람들은 하늘을 중요시해 하늘에 기도를 올렸습니다. 위의 동그란 문양은 해와 달이에요. 그리고 여기 사슴들이 보이죠? 사슴뿔이 강조되었어요. 아래쪽 격자무늬는 허리띠이고 그 아래 칼과 도끼를 새겼습니다."

알고 보니 사슴돌 유적 가운데 가장 중요한 오시깅 으브르 사슴돌 유적이었다. 돌기둥마다 사슴들은 바람에 일렁이는 불길처럼, 태풍에 휘날리는 버드나무처럼 긴 뿔을 휘날리며 하늘로 날아오르고 있었다. 동물원이나 사진 속 사슴을 보고서는 상상하기 힘든 모습이었다. 예부터 사슴은 하늘과 땅, 인간 세계와 다른 세계를 이어주는 통로로 여겨졌다. 이곳 몽골의 샤먼은 사슴으로 변신해 다른 세상을 여행하고 돌아와 그 세상의 소식을 사람들에게 전해주었다. 지금도 아무르강 숲속에서는 사냥한 짐승이 좋은 세상에 태어나기를 기원할 때 짐승의 머리를 나무에

오시깅 으브르 사슴돌 유적

걸어놓고는 사슴뿔이 달린 모자를 쓰고 기도하곤 한다.

　사슴돌 하나하나를 살펴보다 순간 소름이 돋았다. 신라의 금관과 금
허리띠가 불현듯 떠올랐다. 금관 앞과 옆 부분의 세움 장식은 나무로,
뒷부분의 세움 장식은 사슴뿔로 추정한다. 박물관 진열장 속에 얌전히

사슴돌

있던 금관의 사슴뿔이 진열장을 나와 사슴으로 변신해서는 긴 뿔 휘날리며
훨훨 날아가는 것처럼 보였다. 신라의 금 허리띠에도 사슴돌의 허리띠
조각처럼 여러 가지 물건들이 주렁주렁 달렸다. 몽골의 오지에서 신라
금관이 떠오를 줄은 사슴돌을 보기 전까지 상상조차 못했다.

우주나무에서 신라 금관을 떠올리다

3년 뒤, 울란바토르 근처 칭기스 흐레라는 여행자 캠프에 묵었을 때였다. 캠프 앞산은 줄지어 늘어선 나무로 하얗게 물들었다. 그 산을 멀리서 감상만 할 수 없었다. 그날따라 하늘은 유난히 맑고 푸르고 높고 깊었다. 밤새 하늘에서 내린 눈이 가지마다 얼어붙은 것처럼 나무들은 은빛으로 반짝거렸다. 나무를 향해 걷기 시작했다. 꼿꼿한 에델바이스와 하늘거리는 민들레를 지나 숲으로 들어갔을 때 이미 신발은 새벽이슬에 흠뻑 젖었다. 자작나무인지 백양나무인지 모를 하얀 나무. 처음 몽골 여행을 다녀온 뒤부터 그 나무들을 떠올리면 서늘하고 청량한 기운이 온몸으로 퍼지는 것 같았다.

드디어 산꼭대기까지 오르자 나무는 몇 그루 보이지 않았다. 거센 바람에 작은 가지들을 내준 모습은 주름이 깊게 파인 노인의 거친 손을 닮았다. 이미 잎사귀들은 떨어진 지 오래였다. 그래도 나무들은 그 몸 하나로 산비탈을 박차 올라 하늘로 솟구쳐 오를 것만 같았다. 한 줄기 은빛은 하늘의 소리와 땅의 외침을 이어줄 듯 빛났다. 하늘에 가까운 나무들은 곱게 자란 아래쪽 나무들과 달리 온몸을 뒤틀며 하늘로 올라갔다. 나무 위쪽 높은 하늘에서 독수리들이 빙글빙글 돌며 나무들을 바라보고 있었다.

인류학자들은 자작나무, 백양나무가 몽골을 비롯한 동아시아에서 샤먼이 하늘과 다른 세상을 오르내리는 통로 즉 하늘길이라고 말한다.

어떤 이들은 이 나무들을 우주나무라는 멋진 이름으로도 불렀다. 하늘길 우주나무. 그저 한번 숲에 들어왔다고 우주나무를 느낄 수 있을까. 그것은 애초부터 욕심이었지만 온 감각을 열어 나무에 집중하기에는 더없이 좋았다.

나무의 상징은 나의 오랜 관심거리였다. 아마 시골 동네 한가운데 떡하니 자리 잡은 우람한 느티나무에서 관심이 시작되었을 것이다. 어느 낯선 마을의 큰 느티나무를 지날 때면 나무의 거대함과 당당함에 빠져들었다. 느티나무는 하늘의 품처럼 마을과 사람들을 감싸 안고 사람들의 마음을 어루만져주는 듯했다. 마을 사람들도 그런 나무를 오랫동안 신으로 모셨다. 느티나무가 보호수가 되고 수령 몇백 년으로 수량화되는 순간 느티나무와 사람들의 오랜 관계도 끝났다.

우주나무, 얼마나 멋진 이름인가. 하늘에서 내려준 밧줄을 잡거나 두레박을 타고 하늘로 오르는 것보다 나무를 타고 하늘까지 오른다는 상상이 더욱 멋지다. 그래서 누군가는 하늘로 가는 사다리라고 했다. 샤먼이 나무를 타고 하늘로 오르는지, 다른 세상으로 여행을 하는지, 신이 샤먼에게로 오는지 알 수 없지만 샤먼의 존재를 진실이라고 여긴 사람들에게 그것은 진실이었다.

다시 신라 금관이 떠올랐다. 이번에는 앞과 옆의 세움 장식이었다. 이 장식은 나무 모양이지만 보통 나무가 아니다. 하늘과 땅을 이어주는 우주나무일 가능성이 높다. 금관 뒷부분의 사슴뿔 세움 장식이 하늘을

칭기스 흐레 캠프에서 만난 나무

비롯한 다른 세상으로 연결된 것과 비슷하다. 우주나무로 가는 통로가
닫힌 요즘 금관의 그 나무는 더 이상 우주나무가 아니라 장식으로
존재한다. 만약 우주나무를 믿는 그 시대로 돌아간다면 그들에게 금관의
나무는 그저 장식이 아니라 굳건한 믿음이었고, 금관의 주인공은 보통

사람과는 다른 특별한 존재였다. 특별한 사람들이 사용한 신라 금관, 왜 그 금관을 다른 세상으로 이어지는 상징물로 장식했을까?

오랫동안 금관은 머리에 쓴 것으로 알려졌다. 또 많은 사람들이 그렇게 믿었다. 그런데 뜻밖의 의견이 제기되었다. 금관이 머리에 쓴 것이 아니라 죽은 자의 얼굴에 씌운 것이라고. 신라 금관을 연구한 이한상 선생의 의견이었다(이한상,《신라 황금》중 '황금장신구를 통해 본 신라와 신라인', 국립경주박물관, 2001). 황당한 주장이라고 넘겨버리기에는 귀가 솔깃했다. 평소에 '저렇게 무거운 걸(황남대총 북분 금관의 무게는 1,062그램이다) 어떻게 썼을까, 무게도 무게지만 흔들려서 쓰고 있기 어려울 텐데.'라며 미심쩍어하던 터였다.

연구자의 말마따나 금관이 발견된 위치가 독특했다. 국립중앙박물관에 전시된 황남대총 북분의 금관(국보 191호)을 보면 금관 아랫부분이 머리가 아니라 목 부분에 있었다. 금관을 머리에 썼다면 당연히 머리 근처에서 발견되었을 텐데. 목 부분에서 발견되었다면 금관이 머리에 쓰는 것이 아니라 다른 용도로 사용되었을 가능성이 높다. 그래서 금관이 머리에 쓰는 관이 아니라 죽은 이의 얼굴을 씌운 것으로 해석했다.

이런 눈으로 보면 발굴될 당시의 금관 모양도 새롭게 보인다. 금관이 삼각형 모양으로 눌린 상태로 발견되었다. 이한상 선생은 이 모습에 의문을 품었다. 만약 금관이 현재 전시된 것처럼 장식이 밖으로 펼쳐졌다면 무덤 안에서 금관이 눌렸을 때 삼각형이 될까? 이 모습을

천마총 금관 세움 장식

해명하려면 다른 가정이 필요했다. 얼굴에 금관을 봉지 씌우듯 씌우고 가장 윗부분은 가운데로 모아 묶는 것이다. 이렇게 하면 무덤이 꺼지면서 시간이 흘러 금관이 눌려 삼각형 모양이 될 가능성이 높다.

금관에 뚫린 구멍도 그냥 넘어가지 않았다. 금관 가운데 최초로 발견된 금관총 금관(국보 87호)을 보면 잘못 뚫은 듯한 구멍이 그대로 남아있다. 만약 산자가 썼다면, 더군다나 왕이나 왕족이 썼다면 이런 실수를 그냥 넘어가지 않았을 것이다. 금관이 발견된 위치, 삼각형으로 눌린 모양, 잘못 뚫린 구멍은 금관의 통념과 한참 달랐다. 흥미로웠다. 이 의견대로라면 금관의 우주나무와 사슴뿔은 죽은 이를 다른 세상으로 인도하는 통로였고, 그들은 이 통로를 따라 다른 세상으로 먼 길을 떠났다.

그런데 좀 이상했다. 금관을 죽은 이의 얼굴에 덮었다는 의견에

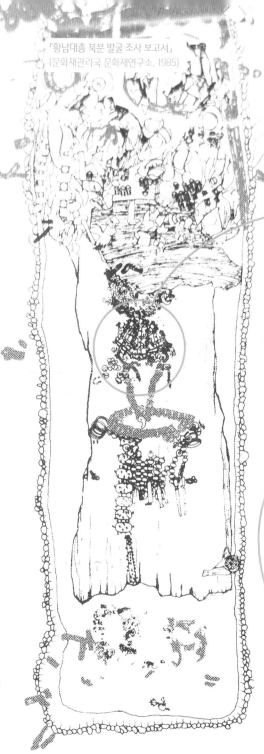

「황남대총 북분 발굴 조사 보고서」
(문화재관리국 문화재연구소, 1985)

황남대총 북분 금관

금관총 금관

잘못 뚫린 구멍

솔깃하면서도 구체적인 모습이 쉽사리 상상되지 않았다. 금관은 늘 머리에 쓴 것이었고 그런 모습만 봤으니까. 글을 몇 번 읽고 상상으로 시뮬레이션을 해본 뒤에야 머리에 들어왔다.

금관 써보기

그래도 진짜로 해봐야 직성이 풀렸다. 황남대총 북분의 금관과 같은 크기와 모양으로 종이관을 만들었다. 관을 완성하고 머리에 써봤다. 비록 종이관이지만 뭐라도 된 듯 어깨가 으쓱했다. 그러고는 종이관의 관테를 목 주위에 두르고 관 장식으로 얼굴을 덮어봤다. 새로운 실험을 하는 과학자 같았다. 실제 관 장식도 얇은 금관이라서 잘 휘어져 쉽게 얼굴을 덮었을 것 같았다. 장식을 다 덮자 시야가 가려져 답답했고 순간적으로 두려움이 밀려왔다 사라졌다. 머리에 쓴 것과 얼굴을 감싸는 건 심리적인 차이가 컸다.

금관이 죽은 이의 얼굴을 감쌌을 가능성이 높다고 생각하지만 꼭 그렇다고 확신하지는 못한다(2020년 9월 3일 경주 황남동 120-2호분 발굴 설명회가 온라인으로 생중계되었다. www.youtube.com/watch?v=fuadj8OtdvY&feature=emb_logo. 이 무덤에서 금동관이 발견되어 언론의 큰 주목을 받았다. 자료 화면을 보면 금동관의 위치가 황남대총 북분의 금관과 비슷하다. 즉 목걸이 윗부분과 금관의 아랫부분이 겹쳐진 상태여서 금동관이 얼굴을 감쌌을 가능성이 한층 높아졌다). 다만 간단한 실험으로 사람들에게 새로운 가능성에 질문을 던지게 할 뿐이다.

지금 내게 금관은 사슴뿔과 우주나무가 만들어가는 상상의 세계이며
의심을 품고 질문을 던져 강력한 통념에 균열을 내 새로운 가능성을
열어가는 장치다. 국립중앙박물관 신라실 황남대총 북분 금관, 금속공예실
금령총 금관, 국립경주박물관 신라역사관 천마총 금관, 그 앞에 서면
여전히 비밀로 둘러싸인 황금숲으로 들어가는 것 같다.

황남동 120-2호분 금동관 노출 모습

2 대동여지도와 노는 법

'대동여지도'는 우리나라에서 가장 널리 알려진 문화재 가운데 하나다.
지도를 만든 김정호의 초인적인 노력, 현대 지도와 견주어도 결코
뒤떨어지지 않는 정확성이라는 두 요소가 어울려 가슴 뭉클한 드라마가
되었고, 절망을 향해 치닫던 조선 말기를 비추는 희망처럼 여겨지곤 했다.
인물 이야기책뿐만 아니라 역사책에서도 어김없이 호명된다. 덕분에
대동여지도는 우리나라 지도의 대명사로 자리 잡았다. 사람들은, 특히
아이들은 박물관에 전시된 옛 지도만 보면 일단 "대동여지도다!"라며
흥분하곤 한다.

　　사람들은 대부분 대동여지도를 실물이 아니라 책으로 접한다. 책에

실린 대동여지도의 크기는 아무리 커도 책의 크기를 넘지 못한다. 대동여지도를 모두 펼치면 실제 크기가 가로 3.8미터, 세로 6.7미터 정도지만 책에 실린 사진의 크기로 실제 크기를 가늠하기 어렵다. 간혹 대동여지도의 세부 내용을 알 수 있도록 일부분을 크게 싣는 경우는 그나마 나은 편이다.

　대동여지도뿐만 아니다. 유물의 크기에 비례해 책에 사진이 실리는 것은 아니기 때문에 해당 유물의 크기를 착각하기 쉽다. 그래서 박물관에 온 사람들은 유물의 실제 크기에 종종 놀란다. 대표적인 유물이 '농경문 청동기(보물 1823호)'다. 이 유물은 청동기 시대를 대표하는 작품으로, 농사짓는 그림과 나무에 앉은 새 그림으로

농경문 청동기

유명하다. 특히 교과서에는 큰 사진으로 실렸고, 농사짓는 장면은 따로 확대된 경우가 많다. 그래서 아이들은 막연히 농경문 청동기가 클 거라고 생각한다. 농경문 청동기는 국립중앙박물관 청동기실 단독장에 전시되었다. 전시실에 들어선 아이들은 농경문 청동기를 보고 실망스러운 목소리로 말한다. "애걔, 손바닥만 해요!" 사진과 달라도 너무 다르다는 외침이다.

반구대 암각화

유물의 실제 크기는 판단에 적지 않은 영향을 끼친다. 이런 점 때문에 유물의 크기를 짐작할 수 있도록 사람과 함께 찍은 사진을 책에 실으려고 노력한다. 예전 어린이 역사책에서 반구대 암각화(울주 대곡리 반구대 암각화, 국보 285호)를 주제로 글을 쓸 때였다. 반구대 암각화 사진을 촬영하러 현장으로 가면서 어떻게 하면 크기를 사진에 담을 수 있을까 고민했다. 아무리 생각해도 반구대 암각화와 사람을 같이 찍을 방법이 없었다. 마침 현장에 도착했을 때 반구대 암각화 앞에서는 혹시 모를 유적의 흔적을 찾기 위해 발굴을 하는 중이었다. 작업을 하는 굴삭기가 보였다. 최선은 아니었지만 사진에 굴삭기를 넣어 반구대 암각화의 크기를 짐작할 수 있도록 했다.

여러 박물관 가운데 대동여지도를 손쉽게 볼 수 있는 곳은 국립중앙박물관 조선실이다. 조선실에는 큰 진열장 안에 대동여지도 영인본 일부와 대동여지도를 인쇄하는 목판(대동여지도 목판, 보물 1581호) 원본을 전시했다. 대동여지도는 한양을 중심으로 위아래 지역을 선택했다. 진열장의 높이가 높은 편이기는 해도 대동여지도 전체를 전시하기에는 턱없이 부족해 어쩔 수 없는 선택이었다. 이 크기만 해도 상당히 커서 책으로만 대동여지도를 접한 사람에게 적지 않은 충격을 준다. 진열장 가까이 가면 조선을 거미줄처럼 덮은 산줄기, 물줄기, 길이 보였다.

사람들과 박물관으로 답사를 갈 때면 종종 대동여지도 앞에 멈춰서 이야기를 나눈다. 세부를 살필 때는 한양이나 금강산이 단골손님으로

등장한다. 그러고는 포스터 크기 정도의 대동여지도를 꺼내 대동여지도의
전체 모습을 살펴보고, 포스터와 전시실 안 지도를 비교해 대동여지도
전체 크기를 유추하고 상상한다.

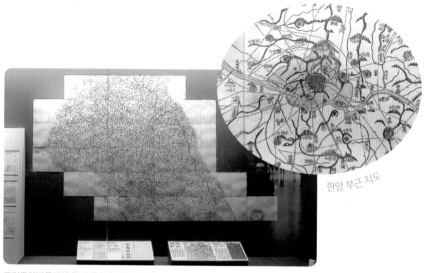

한양 부근 지도

국립중앙박물관에 전시 중인 '대동여지도'

내 손으로 만든 대동여지도

만약 대동여지도 전체를 직접 보면 어떤 기분이 들까? 예전에 한
특별전에서 처음으로 대동여지도 전체를 보았다. 예상을 훌쩍 뛰어넘는
크기였다. 놀라운 건 크기뿐만이 아니었다. 온 국토가 살아있는 것처럼
꿈틀거리는, 지도를 뛰어넘은 거대한 예술 작품이었다. 대동여지도가 다시

보였다.

　그래서인지 대동여지도 전시실을 볼 때마다 뭔가 빠진 듯 아쉬웠다. 특강이 있을 때면 박물관이나 강의실에서 '무구정광대다라니경(국보 126호)' 영인본을 사람들과 길게 펼치곤 한다. 풀어도 풀어도 끝나지 않을 것 같은 다라니경의 길이에 다들 놀란다. 보통 책에는 다라니경의 일부만 실리는 탓에 원래 긴 두루마리책인지 모르기 쉽다. 비록 영인본이었지만 실제 크기를 접한 사람들의 놀란 얼굴이 기억에 남았다. 대동여지도도 뭔가 방법이 없을까?

　의외로 간단했다. 박물관에서 보기 힘들다면 내가 만들어 보여주자. 대동여지도는 모두 22권의 접는 책으로 구성되어 있다. 일단 대동여지도 영인본을 실물 크기에 맞춰 복사하고 두꺼운 종이에 덧붙인 뒤 이 종이들을 이어 붙였다. 며칠 동안 틈틈이 작업해 22권을 완성했다. 시작하기가 어렵지 일단 시작하니까 그렇게 어렵지 않았다. 작업이 끝나자 김정호와 대동여지도에 한 발 다가선 것 같았다. 22권이 어떤 모습으로 펼쳐질지, 펼쳐진 대동여지도를 보는 사람들의 반응은 어떨지 궁금했다.

　대동여지도를 모두 펼치기 위해서는 넓은 공간이 필요했다. 드디어 기다리던 그날이 왔다. 사람들과 국립중앙박물관으로 답사를 가는 날이었다. 두 시간 정도 주먹도끼부터 반가사유상까지 둘러보았다. 물론 대동여지도도 포함했다. 대동여지도를 설명하면서 본답사가 끝나면 특별 이벤트가 진행된다고 알렸다. 사람들은 특별 이벤트가 무엇인지 궁금해했다. '도대체 대동여지도로 무엇을 한다는 걸까?' 대동여지도의 전체 모습을 한눈에 보여주는 일이 제일 중요했고 놀이의 재미를 더하려고 했다. 대동여지도는 일종의 퍼즐이어서 사람들이 한 권 한 권 퍼즐을 맞춰가며 완성하기에 제격이었다.

답사가 끝나고 대동여지도가 든 제법 두껍고 무거운 가방을 가지고 이벤트 장소로 갔다. 이벤트를 펼칠 장소로 미리 박물관 건물 뒤편을 골랐다. 장소가 넓고 사람들의 통행이 적은 데다 무엇보다 펼쳐진 대동여지도를 높은 곳에서 볼 수 있었다.

대동여지도를 완성하는 몇 가지 방법을 알려준 뒤 대동여지도를 맞추기 시작했다. 누가 먼저랄 것도 없이 순서를 찾고 지도의 윤곽선을 이어가며 하나둘 맞춰나갔다. 놀이는 아이도 어른도 춤추게 한다. 함경북도 지방의 모습이 드러나더니 어느새 한양이 나오고 제주도까지 등장하면서 대동여지도가 완성되었다.

그다음에는 전체 모습을 살펴볼 차례였다. 대동여지도를 한눈에 내려다볼 수 있는 높은 곳으로 올라갔다. 가장 기대하던 순간이었다. 다들 탄성을 질렀다. 조각조각 나뉘어 있던 지도들이 모여 대동여지도 전체를 만들었다. 대동여지도를 만든 건 김정호였지만 지금 눈앞의 대동여지도를 만든 건 우리들이었다. 전시실에 있는 대동여지도와 내 손으로 만든 대동여지도는 달랐다.

대동여지도 전체를 전시한 특별전에서 처음 느꼈던 감동과는 또

위에서 내려다본 대동여지도

대동여지도와 놀기

다른 감동이 밀려왔다. 여전히 국토는 웅장했고 땅에는 힘찬 기운이 서렸다. 그러나 이번에는 내 손으로 만들고 여러 사람이 힘을 합쳐 만든 대동여지도를 보았다. 다른 사람들도 처음 보는 대동여지도에 감탄했다. 상상 이상으로 큰 규모, 섬세한 세부, 각각의 퍼즐이 이어져 만들어진 하나의 국토에 놀란 듯했다. 대동여지도의 실제 크기가 사람들을 움직였다.

여기서 한 걸음 더 나갔다. 위에서 대동여지도를 봤다면 이제는 대동여지도 속으로 들어갈 차례다. 신발을 벗고 지도 위로 올라갔다. 찢어지면 수리하고 망가지면 다시 만들면 된다고 생각하니까 속이 편했다. 아이들은 백두산, 평양, 서울, 제주도를 찾아 순식간에 국토를 횡단했다. 영월에서 온 가족은 영월을 찾고 여주에서 온 가족은 여주를 찾았다. 진열장 안에 있는 유물이라면 상상할 수 없는 일이다. 아이들은 대동여지도 위를 이리저리 뛰어다녔다. 책 속의 대동여지도, 진열장 속의 대동여지도, 만들어본 대동여지도, 그 위에서 놀아본 대동여지도는 같지 않았다. 사람들은 이날 답사의 하이라이트로 대동여지도와 놀기를 꼽았다.

그 뒤로 대동여지도와 놀기는 국립중앙박물관 답사의 히트 상품이 되었다. 갑자기 바람이 불어 완성한 지도가 순식간에 날아가기도 하고 아이들이 뛰어다니다가 찢기도 했다. 다시 맞추거나 찢어진 부분을 수리하는 것도 놀이의 과정이자 일부였다. 대동여지도는 박물관 답사뿐만 아니라 박물관 관련 특강을 진행할 때도 요긴하게 사용되었다. 비록

전체를 맞출 때보다 일부만 맞춰볼 때가 많았지만 말로만 듣는 것과
눈으로 보는 것의 차이를 확인했다.

2018년 국립중앙박물관에서 옛 지도 특별전인 <지도예찬>전이 열렸다.
기대대로 대동여지도가 출품되었다. 대동여지도 22권이 넓은 전시실에
펼쳐졌고 전시실 구석에 대동여지도를 높은 곳에서 볼 수 있도록 전망대를
설치했다. 재빨리 전망대에 올라 대동여지도를 내려다보았다. 꿈틀거리는
지도를 보자 슬그머니 욕심이 올라왔다. 이번에는 크기뿐만 아니라
생동하는 기운을 살린 대동여지도를 만들면 어떨까. 아직 그 바람은 진행
중이다.

3 무엇에 쓰는 물건인고?

박물관에서 처음 일하기 시작했을 때 모르는 것투성이였다. 당연했다. 학부에서 역사를 공부했고 대학원에서 불교미술을 전공했지만 박물관 소장 유물은 광범위했다. 특히나 전시 유물은 불교미술품에 비해 토기와 도자기가 압도적으로 많았다. 그나마 접시나 항아리, 병처럼 어디선가 본 듯한 도자기는 부담이 덜했지만 생김새도 특이하고 이름도 낯선 토기는 익숙해지기까지 시간이 꽤 걸렸다.

처음 나를 당황시킨 유물은 백자 항아리 두 점이었다. 일반적인 항아리와 여러모로 달랐다. 뚜껑 꼭지에 구멍이 네 곳 뚫렸고, 몸통 위쪽에 고리가 네 개 달렸다. 게다가 두 점이 가족처럼 생겼는데, 한 점은 크고 한 점은 작았다. 큰 항아리는 입이 유난히 넓었다. 처음 본 항아리였다. 러시아 인형 마트료시카처럼 작은 항아리를 큰 항아리에 쏙 집어넣는 것 같았다. 어깨에 달린 고리와 뚜껑을 끈으로 연결해 어지간해서는 열리지 않도록 단단히 묶은 것 같았다. 항아리를 이중으로 쓴 데다 일단 뚜껑을 닫으면 다시 열 필요가 없는 형태로 보아 보면 뭔가 대단한 걸 담았던 모양이다. 도대체 그게 뭐였을까?

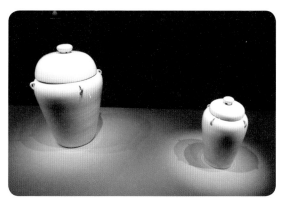

백자 태항아리 내호와 외호

　태(胎)였다. 그러니까 이 항아리는 엄마와 아이를 연결하는 탯줄과 태반을 담았던 태항아리였다. 티 없이 하얀 색과 당당한 생김새, 긴장감 넘치는 선 등 어느 것 하나 빠지지 않았다. 이런 항아리에 태를 담을 수 있는 조선 사람은 왕의 핏줄 정도였다. 따로 기록이 전하지 않아 태의

주인공은 알 길이 없지만 어쩌면 조선 초기를 주름잡던 인물일지도
모른다. 이 태항아리(백자 태호, 보물 1055호)는 내가 본 조선시대 태항아리
가운데 조형적으로 가장 뛰어났다. 그래서인지 이 항아리 앞을 지날 때면
잠시 서서 들여다보며 주인공이 누굴까 상상하곤 했다.

　이 항아리에 이어 궁금증을 불러일으킨 두 번째 유물은 분청사기
뚜껑이었다. 몸통은 없고, 오직 뚜껑뿐이었다. 그런데 뚜껑이 남달랐다.
밑지름이 26센티미터로 상당히 넓은 편이었다. 높이도 17.3센티미터로,
일반적인 뚜껑보다 훨씬 높았다. 높이가 높은 걸 보면 뚜껑만 사용한
것 같았다. 그렇다면 음식을 덮던 뚜껑이었을까? 영화에 종종 나오는,
룸서비스를 시킬 때 음식을 덮는 그릇과
비슷했다. 누가 봐도 은색
뚜껑을 떠올렸을 것이다.
조선에도 룸서비스가
있었나? 영화에서처럼

분청사기 상감연판문 개

이걸 한 손으로 들려면 꽤 힘들었겠다 싶었다.

예상 밖으로, 이 유물은 음식이 아니라 태를 덮는 덮개(분청사기 상감연판문개)였다. 같이 근무하던 선배들이 태를 덮었을 거라고 알려주었다. 태를 담았다는 태항아리는 충분히 고개를 끄덕거릴 만했지만 이 유물에는 고개가 갸우뚱거려졌다. 태를 덮는 덮개라니. 이중으로 보호하고 끈으로 단단히 묶기까지 한 태항아리에 비해 너무 허술했다. 분청사기 덮개는 백자 태항아리처럼 분청사기로는 최고 수준이었다. 상감 기법으로 정교하게 넣은 무늬는 깔끔하고 세련되었다. 왕실에서 사용했을 법했다. 조사해보니 덮개 형식의 분청사기는 주로 조선 세종 때 사용되었다. 이 유물도 그 시기의 것으로 보였다.

태항아리와 덮개의 용도를 알고 나자 태항아리들이 다르게 보였다. 잘 만들었다는 평가에 더해 당시 태를 둘러싼 문화와 태를 봉안한 산인 태봉으로 관심이 이어졌다. 나중에 조선 전기 문신 이문건이 쓴 《양아록》을 보다 깜짝 놀랐다. 조광조의 제자였던 이문건은 1545년 사화를 겪으며 경상북도 성주로 유배를 떠났다. 유배지에서 같이 살던 아들네가 아들을 낳았다. 늘그막에 유일한 손자가 태어나자 기쁨에 겨웠던 이문건은 손자에게 좋은 기운을 전해주려고 무리수를 두었다. 유배지에서 가까운 거리에 있는 선석산 아래에는 태봉이 있었다. 이곳은 세종의 왕자들과 단종의 태를 봉안한 곳이었다. 노비들에게 손자의 태가 든 항아리를 선석산 태봉 아래 몰래 묻고 오라고 지시했다. 당시 왕실의 태봉에

태항아리를 묻는 건 국법으로 금했다. 이문건은 국법을 어겨서라도 어렵게
태어난 손자에게 좋은 기운을 전해주려고 했다.

낯선 유물을 만나는 방법

박물관에서 특별전을 준비할 때면 새롭고 낯선 유물을 자주 만났다.
박물관의 보물 창고인 수장고에는 다양한 유물들이 보관되어 있다.
평소에는 수장고에 있는 유물들을 찬찬히 살펴볼 기회가 많지 않다.
그러나 특별전이 열릴 때면 특별전 주제에 맞는 유물들이 있는지 꼼꼼히
살펴본다. 보물 창고에서 보물찾기를 하는 기분이다. 아는 유물도
있지만, 잘 몰랐던 유물을 찾으면 보물이라도 발견한 것처럼 떨렸다.
어떻게 사용했는지 단박에 알기 어려운 유물의 사용법을 알아내는 일도
재미있었다.

　　2005년에 '소박함·멋스러움·예스러움'이라는 부제로 <문방구
특별전>을 열었다. 이전까지 열린 특별전 주제들은 자주 보던 토기,
불교미술, 도자기여서 비교적 익숙했다. 반면 문방구 가운데 목가구나
몇몇 유물은 낯설었다. 그중 하나가 '서산'이었다. 길쭉한 사각형 종이로
칸칸이 뒤로 접을 수 있도록 만들었다. 그런데 왜 이렇게 만들었을까?
자료를 찾아보니 책을 몇 번 읽었는지 접어서 세던 유물로, 책갈피로도
사용했다.

　　옛날 공부 방식은 읽고 또 읽어 통째로 책을 암기하는 것이었다. 외우다

보면 어느 순간 문리가 트인다고 굳게 믿었다. 김홍도가 그린 '서당' 그림을 보면 훈장님 앞에서 한 아이가 눈물을 훔치는 장면이 나온다. 그 아이 옆에 책이 한 권 놓였다. 전날 공부한 부분을 외우지 못해 훈장님에게 회초리를 맞은 모양이었다. 외우기는 공부의 기본이었다.

외우기를 잘해서 벼락출세를 한 사람도 있었다. 조선 세종 때였다. 종9품 문신이던 구종직이 경복궁에서 숙직을 했는데, 몰래 경회루를 구경하다 마침 이곳에 온 세종과 마주쳤다. 벌을 받을 줄 알았던 구종직에게 세종은 뜻밖에도 경전을 외워보라고 했다. 공부를 좋아하는 세종다웠다. 구종직은 《춘추》를 통째로 외웠고 세종은 기뻐하며 그를 종5품으로 특진시켰다. 파격적인 인사를 못마땅해하던 관리들에게 세종은 같은 과제를 냈지만 아무도 통과하지 못했다. 조선시대 인물들 이야기에는 '몇 살에 사서삼경을 외우고'라는 말이 고정 레퍼토리처럼 등장한다.

낯선 문방구 가운데 다른 하나는 동그란 통이었다. 뚜껑을 열면 그 안에 기다란 대나무 조각들이 국수 가락처럼 빽빽하게 차 있었고, 그 위에는 보일 듯 말 듯한 깨알 같은 글자들로 빼곡했다. 가는 대나무 조각에 썼는데도 글자는 흐트러지지 않고 단정했다. 이 통은 '경서통'으로, 글자(한자)는 경전의 일부였다.

경전 문구가 쓰인 조각으로 무엇을 했을까? 스승 앞에서 경서통에 꽂힌 대나무 조각 하나를 뽑아 적힌 글을 읽고 스승의 물음에 대답해야 했다. 암기 시험의 최고봉이었다. 어느 부분이 나올지 아무도 몰랐다. 서산을

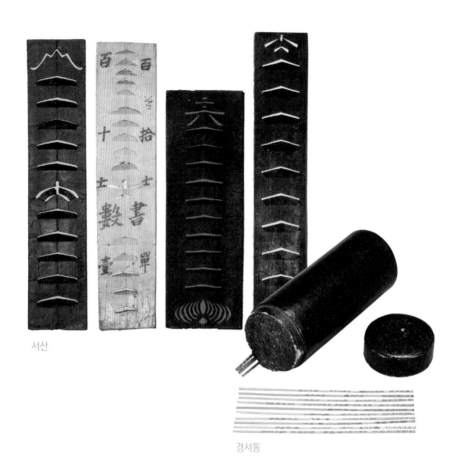

서산

경서통

접어가며 읽고 또 읽으며 책을 외우고, 경서통에서 무작위로 꺼낸 글

조각을 읽으며 외운 걸 확인받았다. 서산과 경서통에 얼마나 많은 손때가

스며들었을지 상상해보았다. 공부를 향한 노력에 깜짝 놀라다가 숨 막힐

것 같은 공부 압박감에 또 놀랐다.

조선은 공부와 과거의 나라였다. 김홍도의 그림 가운데 '자리짜기'가 있다. 아빠는 자리를 짜고 엄마는 물레를 돌려 실을 뽑고 아이는 뒤로 돌아 책을 읽고 있다. 아이에 비해 책이 크고 바지를 벗고 있는 것으로 보아 아이는 아주 어렸다. 엄마 아빠는 아이가 열심히 공부해 과거 시험에

김홍도의 <단원 풍속도첩> 중 '자리짜기'

합격하고 집안을 일으켜 세우는 미래를 꿈꾸는 듯 보인다. 어느 순간 이 아이의 곁에 서산이, 다음에는 경서통이 놓였을 것이다.

휴지 대신 막대기

2016년 11월부터 국립중앙박물관에서 <세계유산 백제> 특별전이 열렸다. 백제 역사 유적 지구의 세계유산 등재 1주년을 기념하는 전시였다. 중요한 전시답게 백제를 대표하는 유물들이 한자리에 모였다. 백제의 대표 유물인 무령왕릉 출토 왕과 왕비의 '금제 관식(국보 154, 155호)', '익산 미륵사지 석탑' 중 서탑(국보 11호) 해체 과정에서 발견되어 세상을 놀라게 한 사리봉영기와 사리호 같은 '사리장엄구(보물 1991호)', 백제 창왕이 죽은 왕자를 위해 절을 만들었다는 기록이 있는 '부여 왕흥사지 출토 사리기(국보 327호)'가 전시실을 빛냈다.

그런데 정작 내 눈길은 이런 유물들이 아니라 주목받지 못한 유물에 멈췄다. 막대기 세 점이었다. 말로만 들었던 뒤처리용 막대기였다. 전에 익산 왕궁리 유적을 발굴하다 백제의 화장실을 찾았고 그곳에서 똥을 눈 뒤 똥을 닦는 막대기인 '측주'를 수습했다고 들었다. 그 '측주'가 바로 눈앞의 막대기로, 백제 사람들이 쓰던 것이었다. 이런 생활 밀착형 유물을 보니 백제 사람들이 이 유물을 사용하는 장면이 떠올랐다.

그 뒤 이 막대기를 사용하는 모습을 재현한 왕궁리 유적전시관을 찾아갔다. 불교 쪽 기록을 찾아보니 뒤처리용 막대기는 깨끗이 씻어 다시

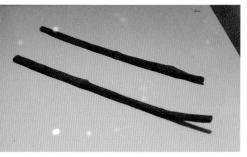

측주

왕궁리 유적전시관에 전시된 백제 시대 화장실

사용한다고 나왔다. 이 정도 내용이면 유물의 용도를 추측해보는 교육
보조자료로 안성맞춤이었다.

전국 여러 곳의 초등학교에서 박물관을 알리는 강의를 할 때 이 유물은
큰 활약을 했다. 대나무로 실물 크기 복제품을 만들었다. 강의 중간에 이
막대기를 들고 "백제 사람들은 이 막대기로 무엇을 했을까요?"라고 묻는
순간 조용하던 강당이 순식간에 시끌벅적해진다.

"비녀요!"

"효자손이요!"

"회초리요!"

가끔 귀이개라고 대답하는 아이도 만난다. 궁금해 죽겠다는 듯 소리를
지르는 순간이 정답을 알려줄 때다.

"똥을 누고 나서 닦던 막대기로, 측주라고 부릅니다."

그 순간 열띠던 얼굴들이 일그러진다. 전국 어디서나 예외 없다. 다들 화장실에서 휴지나 비데 대신 막대기로 똥을 닦는 상상을 하는 것 같다. 조금 전에 본 막대기와 지금 막대기는 같은 막대기이지만 용도를 알기 전과 알고 난 후가 다르게 보인다. 이쯤에서 질문을 하나 더한다.

"백제 사람들은 이 막대기를 재활용했을까요?"

아이들은 얼굴을 다시 일그러뜨리며 나즈막이 대답한다.

"아니요."

당시에는 별 볼일 없었을 막대기가 시대가 바뀌어 지금은 백제 사람들의 삶을 알려주는 귀중한 사례가 되었다.

유물의 원래 용도를 알고 나면 유물이 달라 보이고 상상력도 커진다. 그러다 보면 어느새 유물이 곁으로 다가와 있다.

4
유물의 숨은 매력

박물관 입사가 결정되었을 때 '그 불상'을 빨리 눈앞에서 보고 싶었다.
고려 말의 대표적인 불상으로, 그 화려함을 따라갈 불상이 많지 않다.
바로 '금동 대세지보살 좌상(보물 1047호)'으로, 지혜를 상징한다. 혼자보다는
불교의 대명사이자 자비를 뜻하는 관음보살 같은 다른 불상과 짝을 이루어
등장한다. 불교의 오랜 역사만큼 지금까지 전하는 대세지보살상은 한두
점이 아니지만 호림박물관의 금동 대세지보살상은 눈에 띄게 화려했다.
목걸이만 해도 여러 개여서 혹시 목이 다치지나 않을까 괜한 걱정마저 들
정도였다.

　박물관에 들어오고 얼마 지나지 않아 그 보살상을 만날 수 있었다.

온통 금빛인 데다 장식이란 장식은 온몸에 둘러 더욱 화려했다. 앞에서는
보이지 않는 뒷머리는 검은색으로 칠해 디테일을 더했다. 화려함은
예상을 넘어섰고 만든 솜씨 또한 최고였다. 이 불상이 탄생한 때는 고려와
원나라가 다방면으로 교류하던 시기로, 당시 원나라 귀족을 휘어잡은
종교는 라마교(티베트로 전해진 대승불교가 티베트 고유
신앙과 동화되어 발달한 종교)였다. 라마교의
불상은 한마디로 말하면 화려함이다.
원나라 문화가 고려에 오고 고려의
문화가 원나라로 전해지는 상황에서
원나라의 영향을 받은 화려한 불상이
고려에 등장한 건 자연스러운
흐름이었다.

금동 대세지보살 좌상

불상을 살펴보다 문득 불상의 고향이 떠올랐다. 오래전부터 전하는 말로는 금강산 장연리라고 했다. 금강산 장연리라고만 하면 구체적으로 연상되는 것이 없지만, 장안사라고 하면 사정이 달라진다. 장안사는 유점사와 더불어 금강산을 대표하는 사찰로, 금강산 불교 신앙의 중심지였다. 조선시대에는 금강산 여행의 핵심 거점이었다. 조선 회화의 거장 정선이 그린 '장안사(보물 1875호)'를 보면 거찰다운 면모가 물씬 풍긴다. 이 장안사가 장연리에 있었다. 전하는 말대로라면 혹 이 불상이 장안사에 있었을지 모른다. 역사를 주름잡던 장안사라니! 정선의 장안사 그림 속 어디엔가 이 불상이 있었다고 상상하니 이 불상이 어딘지 모르게 근엄해 보였다. 조금 전까지 화려하고 아름답게만 보였지만.

오랜 시간 금강산에 머물며 고려와 조선 사람들의 소원을 들어주던 불상이 시간이 흘러 이제는 관람객의 감상 대상으로 바뀌었다. 박물관에 있는 유물 가운데 처음부터 박물관에 전시하려고 만들어진 건 단 한 점도 없다. 태어난 날도, 있던 곳도 모두 다르지만 지금은 유물의 주소가 모두 박물관이다. 유물이 박물관으로 들어오면 연구와 보존, 그리고 전시의 대상이 되고, 시간이 흐르면서 태어났을 때의 성격과 쓰임새, 그리고 오랜 역사는 점차 잊혀진다. 하지만 유물이 원래 있던 장소를 알거나 그곳에 실제로 가본다면, 또 어떻게 세상에 나왔는지 안다면 그때 마주하는 유물은 이전과 확실히 다르다. 뿌리 없이 둥둥 떠다니던 유물이 구체적인 맥락 속에 존재한다. 유물에 대한 이해가 넓어지고 더불어 관람객과 나눌

정선의 〈신묘년 풍악도첩〉 중 '장안사'

이야기도 늘어난다.

금동 대세지보살 좌상이 금강산을 떠날 때 단짝과 같이 떠났다고 전한다. 그 짝이 '전 회양 장연리 금동 관음보살 좌상(보물 1872호)'이다. 이 상은 대세지보살상과 헤어져 국립중앙박물관으로 갔다가 고향에서 가까운 국립춘천박물관이 개관하자 그곳으로 이사했다. 관음보살상은 대세지보살상보다 조금 크고 얼굴 인상만 살짝 다를 뿐 전체적으로

엇비슷하다. 대세지보살상을 보면서 헤어진
관음보살상을 만나게 해주면 어떨까 싶었다.
같이 전시되면 오랜만의 해후일 텐데 아쉽게도
박물관을 그만둘 때까지 그저 바람에 불과했다.

그러다 2015년 삼성미술관 리움에서
<세밀가귀> 특별전이 열렸다. '세밀함이
뛰어나 가히 귀하다 할 수 있다'라는 중국
사신의 말에서 이름을 딴 전시로,
세밀함이 주제였다. 전시에 출품된
귀하디귀하다는 고려시대 나전
칠기를 보러 전시장에 들어섰다. 나전
칠기 외에도 한국 미술을 주름잡는 유물들이

금동 관음보살 좌상

줄줄이 늘어서서 전시실 가득 아우라를 뿜어냈다.

명품들 사이를 거닐다 우뚝 멈춰 섰다. 대세지보살상과 관음보살상이
나란히 앉아있었다. 내가 그리던 장면을 호림박물관도, 국립춘천박물관도
아닌 뜻밖의 장소에서 볼 줄은 몰랐다. 두 불상은 얼마 만에 만났을까?
이 전시 최고의 작품은 나전 칠기가 아니라 두 불상이 나란히 앉은 그
장면이었다. 두 불상 앞에 서서 금강산 장안사에서부터 이 불상들이
걸어왔을 길을 떠올리자 더욱 애틋했다. 전시가 끝나면 각자 박물관으로
돌아가야 했다. 만나면 헤어지고 떠나면 돌아오고 새로운 자리를 찾아가는

건 사람만이 아니다.

자리가 사람을 만든다는 말처럼 유물도 둘러싼 환경에 따라 인상이 변하고 관람객의 상상력도 달라진다. 금강산 장안사의 대세지보살상과 박물관 전시실 속 대세지보살상은 같지 않다. 유물이 원래 있던 곳을 헤아려보는 것만으로 눈앞의 유물이 달라 보인다.

구석기인의 미감과 공명하다

한편 유물이 어떻게 만들어지는지 알면, 더구나 눈앞에서 그 장면을 본다면 유물에 대한 이해가 훨씬 깊어진다. 구석기 시대를 대표하는 유물로 교과서에 늘 실리는 주먹도끼가 그렇다. 대부분의 국공립박물관 앞머리를 차지하는 선사실에는 대부분 주먹도끼가 전시된다. 국립중앙박물관에서는 아예 전시실 입구에 주먹도끼 한 점만 진열장에 넣어 전시했다. 주먹도끼가 구석기 시대에 차지하는 중요성과 달리 그 앞에 선 사람들의 반응은 역사책과 사뭇 다르다. "뭐 볼 게 있겠어?" 혹은 "돌멩이잖아."라며 시큰둥하게 지나치는 사람이 제법 많다. "멋있다, 예쁘다."라며 예술 작품 보듯 감탄하는 사람도 더러 있기는 하지만.

돌과 별다르지 않아 보이는 주먹도끼의 숨은 매력을 찾으려면 어떻게 하면 좋을까? 주먹도끼가 만들어지는지 과정을 알면 도움이 될까 싶었다. 내 눈앞의 주먹도끼는 돌을 떼서 만든 결과물이지만 어떻게 강돌에서 주먹도끼가 되는지 잘 알 수 없었다. 이 과정을 제대로 알기 위해서는

주먹도끼

주먹도끼 제작 전문가를 만나야 했다. 마침
운 좋게 이 주먹도끼의 고향인 경기도
연천 전곡리에 세워진 전곡선사박물관의
관장님과 연락이 닿았다.

전곡리가 어디인가? 1978년 봄, 그레그
보엔이라는 주한 미군 병사가 한탄강
유원지에서 데이트를 하다 특이한 돌 네 점을
찾았다. 고고학을 전공한 그가 보기에 예사롭지 않은
돌이었다. 알고 보니 그때까지 우리나라에서 한 번도 발견된 적 없는
주먹도끼였다. 주먹도끼 중에서도 타원형이나 삼각형으로 양쪽 면을 잘
다듬은 아슐리안형 주먹도끼였다. 주먹도끼는 끝이 뾰족하거나 타원형인
석기로, 손에 쥐고 찍고 자르고 파는 데 쓰였다. 다음 해인 1979년부터
전곡리 유적이 발굴되었고, 중요성을 인정받아 사적으로 지정되었다.
전곡리 유적은 한두 번의 발굴로 끝내지 못할 정도로
광범위해 2010년까지 17차례 이상 발굴했고, 모두
6천여 점의 석기를 찾았다. 발굴 덕분에 전곡리는
우리나라의 구석기를 대표하는 세계적인 유적이
되었다.

관장님의 호의 덕분에 소중한 기회를 얻었다.
주먹도끼 제작 전문가인 그는 강돌로 주먹도끼를

주먹도끼 제작 모습

만들기 시작했다. "여러분은 이제 수백만 년 전으로 돌아갑니다. 인류가 석기를 왜 만들었을까요?"라는 질문으로 구석기 여행이 시작되었다. 강돌을 모룻돌에 내리치며 전체적인 모양을 잡아갔고, 중간중간 음식 프로그램의 노련한 셰프처럼 핵심적인 설명을 곁들였다.

"이 돌과 주먹도끼는 어떤 차이가 있을까요?"

관장님은 떨어져 나온 날카로운 조각돌을 집어 들더니 설명을 이어나갔다.

"날카로운 이 조각으로도 고기를 자를 수는 있어요."

"주먹도끼는 아름다워요. 아름답게 만들려는 의지가 반영된 결과죠."

사람들이 주먹도끼가 아름답다고, 예쁘다고 감탄한 건 우연이 아니었다. 수십만 년 전 구석기 사람들의 미감이 21세기 사람들을 공명시켰다. 아름다움은 아득한 시간을 뛰어넘어 그들과 우리를 이어주었다.

어느새 커다란 돌은 마법사의 손길을 따라 망치돌을 맞아가며 주먹도끼로 바뀌어 갔다. 드디어 펄떡펄떡 살아있는 주먹도끼가 완성되었다. 한자리에서 머나먼 시간 여행을 한 기분이었다.

"주먹도끼는 주먹도끼 자체도 중요하지만 그보다 더 중요한 건 인류가 추상적인 사고를 할 수 있었다는 거죠. 주먹도끼를 어떻게 만들어야 할지, 나아가 미래에 대한 계획까지!"

추상적인 사고라는 말을 듣는 순간 주먹도끼로 머리를 얻어맞는 기분이었다. 주먹도끼는 맥가이버칼 같은 만능도구에 비유된다. 그동안 쓰임새에만 집중하다보니 그 너머에 있던 중요한 뜻을 미처 알지 못했다. 주먹도끼의 또 다른 이름은 '생각하는 힘'이었다. 그 힘으로 변화하는 환경에 대처하고 새로운 미래를 맞이했다.

　주먹도끼를 직접 제작하는 모습을 본 뒤 박물관에서 다시 주먹도끼를 만났다. 깨뜨려 떼어낸 면들이 새롭게 보였다. 자연적으로 깨졌다면 나오기 힘든 모습이었다. 생각나는 대로 깨뜨린 게 아니라 생각대로 깨뜨려 면을 만들고 날을 세웠다. 예리한 날을 만들기 위해 양쪽에서 세심하게 떼어냈다. 아랫부분은 손에 쥐기 편하게 만들었다. 간단해 보이는 겉모습과는 달리 꼭 필요한 기능을 갖춘 효율적 구조의 결정체였다. 게다가 아름다움까지 더했으니 구석기 스테디셀러로 손색이 없다.

　구체적인 경험은 유물을 생생하게 만든다. 아무리 애를 써도 구석기 시대로 갈 수 없지만 간접 경험을 통해 그 시대를 상상해볼 수는 있다. 때로는 그 자장을 벗어나야 비로소 보일 때가 있다. 모든 유물은 처음부터 박물관에 없었기 때문에.

5 고분 속 유물은
어느 박물관으로 갔을까

신라의 수도 경주에는 거대한 고분들이 즐비하다. 게다가 시내 한가운데
터줏대감처럼 자리 잡아 오며 가며 계속 마주친다. 사정이 이렇지만
경주의 고분이 머릿속에 구체적으로 들어온 건 40대 무렵이었다.
대학이나 대학원 답사 때도 고분들을 보기는 했지만 관심 분야가 아니어서
그저 크기에 놀라는 정도였다.

경주 고분이 다시 보인 건 국립중앙박물관과 국립경주박물관을 찬찬히
살펴보면서였다. 여기서 출토된 중요한 유물들이 두 박물관에 집중적으로
전시되었다. 전시실에서 본 유물들과 내가 스친 고분들이 하나둘
연결되면서 유물도, 고분도 새롭게 다가왔다.

그 뒤 경주에 올 때면 으레 대릉원과 주위 고분들을 어슬렁거렸다. 금관총·서봉총·호우총이 있는 노서동 고분군에서 시작해 맞은편 금령총·식리총이 있는 노동동 고분군으로 이어지고, 길 건너 천마총과 황남대총이 있는 대릉원으로 넘어간다. 지금은 이 세 지역과 인근의 고분이 있는 지역을 한꺼번에 묶어 경주 대릉원 일원(사적 512호)으로 부른다. 세 지역에서는 모두 신라 문화를 상징하는 금관과 이름만 들으면 단박에 알 만한 유물들이 출토되었다.

이 고분들 가운데 가장 먼저 발굴되어 존재를 알린 건 금관총이었다. 금관총이 세상에 드러난 건 우연이었다. 1921년 9월 어느 날, 주막집 주인이 집을 확장하려고 집 뒤편 흙더미를 파내 다른 곳으로 옮겼다.

그런데 한 순사가 이 흙더미에서 구슬을 발견했고, 흙의 출처를 따라가다 주막집 뒤편이 무덤임을 확인했다. 이후 조사를 통해 이 고분에서 듣지도 보지도 못한 금관(국보 87호)이 모습을 드러냈다. 신라의 고분에서 나온 첫 번째 금관이어서

금관총 발굴 당시 금관총 금관

고분 이름은 금관총이 되었다. 황금의 나라 신라는 이렇게 발견되었다.

국립경주박물관 신라역사관 2실에는 금관총의 내부를 진품으로 재현해놓았다. 머리 부분에 금관이, 허리 부분에 허리띠가 걸쳐졌다.

신라역사관 2실의 금관총 금관 전시

그 아래로 띠꾸미개 장식이 줄줄이 늘어섰고 발 부분에 금동 신발이
나란히 놓였다. 전시된 모습을 보면 금관을 비롯한 각종 유물이 어떻게
놓였었는지 한눈에 보인다. 이 전시는 금관을 똑바로 세우고 홀로 전시해
감동을 극대화시키는 대신 금관을 눕히고 다른 유물들과 같이 전시해
전체적인 구조 속에서 파악하도록 구성했다.

금관총 옆, 봉분이 모두 사라지고 아쉬운 흔적만 남은 고분이
서봉총이다. 1926년 경주역에 기차 보관 창고를 지으려고 금관총 뒤편
언덕의 흙을 채취하는 과정에서 무덤이 나타났다. 무덤 발굴이 막바지에
이를 무렵 스웨덴 황태자가 여행차 일본에 들렀다. 그는 일본과 조선을
거쳐 중국으로 갈 예정이었다. 황태자가 고고학 발굴에 참여한 경험이

있을 정도로 고고학에 관심이 높다는 걸 파악한 조선총독부는 기막힌
이벤트를 준비한다. 무덤 발굴 현장에 황태자를 데려와 직접 금관을
수습하게 하는 것이었다.

"설마 박물관에 있는 금관을 일부러 묻어 놓은 것은 아니죠?"

무덤의 금관 발굴 소식을 들은 황태자는 이렇게 물었다고 한다.
부리나케 조선으로 달려온 황태자는 설레는 마음으로 경주의 발굴
현장으로 향했다. 발굴 현장을 덮은 하얀 천을 걷어내자 금관을
비롯한 유물들이 드러났다. 금관 수습의 영광은 황태자의 몫이었다.
이런 사연으로 무덤의 이름이 스웨덴의 한자 이름인 서전(瑞典)의 '서'
자와 금관에 달린 봉황의 '봉' 자를

따서 서봉총이 되었다. 서봉총의 흙은
창고를 짓는 데 쓰는 바람에 봉분이
사라졌다. 서봉총 금관(보물 339호)은
국립경주박물관에 소장되었지만
상설 전시되지는 않는다. 2015년
국립중앙박물관에서 열린 <과학으로 풀어
보는 서봉총 금관> 특별전에서 서봉총
금관을 보았고, 고분 이름의 근거가 된
귀여운 봉황도 만났다.

서봉총에서 남쪽으로 내려가면

서봉총 금관

호우총이 나온다. 지금 호우총은 봉분 아랫부분만 남았다. 호우총은 해방 이후 우리나라 고고학계에서 최초로 발굴한 고분이다. 1946년 발굴 당시 사진을 보면 이곳에 민가가 두 채 들어섰을 정도로 많이 파괴된 상태로, 발굴이 시급했다. 발굴 결과 피장자 머리 부근에서 청동 합이 발견되었다. 놀랍게도 청동합의 바닥에 그릇의 이름으로 추정되는 호우(壺杅)라는

호우총 발굴 당시의 모습

박물관에 전시 중인 청동합

글자가 있었다. 이 글자에서 이름을 따 이 무덤은 호우총이 되었다.

청동합의 글자를 무덤 이름으로 할 정도로 청동합은 중요했다. 이 청동합이 경주 호우총 출토 청동 '광개토대왕'명 호우(보물 1878호)로, 지금은 국립중앙박물관 고구려실에 전시되었다. 이 청동합은 다른 그릇들과 달리 바닥의 글자가 보이도록 뒤집어 전시했다. 바닥에 '乙卯年 / 國罡上 廣開土地 好太王 /

壺杅 / 十’이라는 명문이 쓰였다. 415년에 광개토왕을 위해 만든 호우라는 뜻이다. 415년은 광개토왕이 죽고 3년 뒤이기 때문에 그를 기리려고 만든 것으로 보인다. 당시 고구려의 청동합이 신라로 전해지고 그 뒤 무덤에 들어간 것으로 추정하고 있다.

앞서 나온 세 고분이 있는 노서동 고분군 맞은편에는 노동동 고분군이 있다. 여기에 가면 어마어마하게 큰 고분을 만난다. 큰 나무들이 자라는 봉황대 고분이다. 봉황대 고분 남쪽으로 봉분이 사라져 아랫부분만 남은 두 고분이 자리한다. 금령총과 식리총이다. 금관총 금관이 발견된 지 3년이 지나 다시 신라의 황금 시대를 증명할 두 번째 금관이 출현했다. 1924년 이 두 고분을 발굴했는데, 한 무덤에서 금으로 만든 방울과 기마인물형 토기(도기 기마인물형 명기, 국보 91호), 배모양 토기, 그리고 금관(금령총 금관, 보물 338호)이 나왔다. 금관은 관테의 지름이 16.4센티미터에 불과해 무덤의 주인공을 어린 왕자로 추정했다. 이 무덤은 금방울이 나왔다고 해서

금령총 발굴 당시 기마인물형 토기와 금관 출토 모습

금령총이라고 부른다.

금령총에서 나온 대표적인 유물은 국립중앙박물관에서 만날 수
있다. 기마인물형 토기와 배모양 토기는 신라실에, 금관은 금속공예실에
전시되었다. 따로따로 인식되던 유물 세 점이 같은 고분에서 나왔다는
사실을 깨닫고는 깜짝 놀랐다. 같은 시대에 태어나 오랫동안 같은 장소에
있었지만 지금은 따로 전시되어 미처 서로 연결지어 생각하지 못했다.
금령총 출토 유물은 박물관에 전시된 유물을 살펴볼 때 같은 곳에서
출토된 유물을 연결지어 살펴보는 계기가 되었다. 여러 유물이 같은
그룹으로 묶일 때 더 생생하게 느껴진다.

금령총과 이웃한 무덤에서는 금관이 나오지 않았다. 대신 금관에

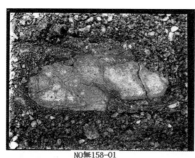

NO無158-01

식리총 발굴 당시 식리

버금가는 화려한 금동 신발이
발견되었다. 이 신발이 얼마나
대단했든지 이 무덤 이름은
식리총이 되었다(식리는
장례에 사용하는 장식용 신이다).
식리총의 주역 금동 신발 역시
국립중앙박물관 신라실에
전시되었다. 숨은그림찾기처럼 발견하는 기쁨을 주는 유물이다.
박물관에서는 문양이 잘 보이도록 세워서 전시했다. 신발 바닥을
들여다보면 치밀하게 만든 정성스러운 문양에 놀라지 않을 수 없다.

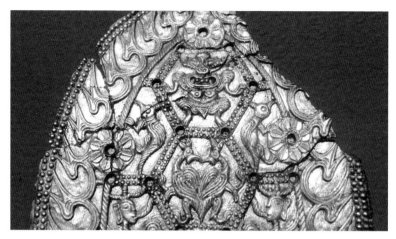

식리(부분)

다른 세밀한 유물들이 그렇듯 처음 볼 때는 뭐가 뭔지 잘 보이지 않는다. 그래서인지 스쳐 지나가는 사람들이 제법 많다. 이 유물이야말로 일단 멈춤이 필요하다. 천천히 보고 있으면 눈을 치켜뜨고 입을 잔뜩 벌려 무서운 체하는 도깨비, 발걸음은 반대지만 서로 목을 돌려 마주보는 새들, 분명 얼굴은 사람인데 몸은 새인 가릉빈가가 신발 바닥에서 툭 튀어나온다.

　　노동동·노서동 고분군을 가로지르는 남쪽 도로를 지나면 대릉원에 이른다. 이곳에 경주의 고분 가운데 가장 유명한 두 고분이 자리 잡았다. 동쪽 고분이 어마어마한 크기를 자랑하는 황남대총, 서쪽 고분이 천마도가 나온 천마총이다. 특히 천마총은 수학여행의 단골 코스로 인기가 높다.

천마도(경주 천마총 장니 천마도, 국보 207호)가 나온 곳인 데다 내부를 볼 수 있는 덕분이다.

이전의 고분들과 달리 천마총 발굴은 한국 현대사와 관련이 깊다. 박정희 대통령은 신라를 찬란한 민족 문화를 이룬 나라로 여겨 경주를 민족중흥의 현장으로, 거대한 관광자원으로, 나아가 정권 홍보의 장으로 만들고 싶어 했다. 이 욕망은 <경주 관광 종합개발 계획>과 문화재 발굴로 구체화되었다. 만약 고분 발굴에서 눈을 사로잡는 유물이 나온다면 금상첨화였다. 이때 발굴에 눈독을 들인 고분이 98호분이었다. 길이만 120미터에 남쪽 무덤 높이 23미터, 북쪽 무덤 높이 24미터에 달하는 우리나라에서 가장 큰 무덤이었다.

그러나 당시는 이렇게 큰 무덤을 발굴할 역량이 턱없이 모자랐다. 발굴 경험이 적었을 뿐더러 얼마 전 진행된 무령왕릉 발굴은 도저히 발굴이라고 말하기 어려울 정도여서 발굴 담당자들의 부담이 컸다. 여러모로 무리한 계획이었다. 이때 기막힌 방법이 등장했다. 먼저 작은 무덤을 발굴해 실력을 쌓은 다음에 98호분을 발굴하자는 것이었다. 이 무덤이 98호분 맞은편의 155호분이었다.

마침내 1973년, 155호분 발굴이 시작되었다. 바로 이 고분에서 유명한 천마도와 금관(천마총 금관, 국보 188호)이 나왔다. 천마도는 단숨에 신라의 대표 유물이 될 정도로 뛰어났고, 금관은 지금까지 발견된 신라 금관 가운데 가장 화려했다. 155호분은 천마도가 나왔다고 해서 천마총이라는 이름을 얻었다.

천마도는 국립경주박물관에 소장되었다. 그러나 보존 상태가 좋지
않아 특별한 경우에만 공개해서 평상시에는 보기 힘들다. 대신 천마총
내부 전시관에 복원한 천마도를 전시해 선명한 천마도를 확인할 수 있다.
천마총 금관은 국립경주박물관 신라역사관 2실에 홀로 전시되었다.

천마도(복원)

주변은 어둡고 금관과 허리띠에 조명이 집중되어 관람객들은 천마총
금관을 보자마자 탄성을 지른다. 심지어 이 금관을 봤으니까 그만
나가자는 사람마저 만난다.

천마총에서 금관도 나오고 발굴에 자신감을 얻은 발굴단은 드디어
98호분을 발굴했다. 98호분 발굴 당시 사진을 보면 마치 큰 동산 하나를

파는 것처럼 보인다. 98호분은 거대한 두 개의 무덤이 이어졌다. 남쪽은 왕의 무덤, 북쪽은 왕비의 무덤으로 추정된다. 98호분에서도 금관(황남대총 북분 금관, 국보 191호)이 나왔는데 예상과는 달리 왕의 무덤이 아니라 왕비의 무덤에서였다. 왕의 무덤에서는 금관 대신 금동관이 나왔다. 98호분은 나중에 황남대총이라는 이름을 얻었다.

황남대총 출토 유물은 두 박물관에 나눠 전시되었다. 국립경주박물관과 국립중앙박물관이다. 남분에서 출토된 유물은 국립경주박물관 신라역사관 2실에 전시되었다. 한두 점이 아니라 수많은 유물들로 채워 황남대총 남분의 위상을 드러냈다. 전시된 수많은 철기와 토기, 여러 가지 장신구를 보면 당시 왕의 권력이 어느 정도였는지 쉽게 짐작할 수 있다. 고분 앞에서 이 전시를 떠올리면 그렇지 않아도 거대한 고분이 더 커 보인다.

국립중앙박물관 신라실에도 황남대총에서 발굴한 중요 유물을 전시한다. 신라실 가장 앞에는 황남대총 북분 금관이 보인다. 다른 전시실로 들어가면 황남대총 북분 피장자의 가슴꾸미개를 발굴 당시 모습으로 전시했다. 이 전시실에서 가장 눈에 띄는 건 유리병과 잔(경주 98호 남분 유리병 및 잔, 국보 193호)이다. 이 유물들은 황남대총 남분에서 출토된 것으로, 외국 수입품이다. 특히 유리병은 손상된 손잡이를 금실을 감아 고친 걸로 보아 당시 이 병이 얼마나 귀했는지 증명한다.

전시실의 유물 이름표에는 출토지가 표시된다. 반면 유물의 출토지에는 출토된 중요 유물이 어디로 갔는지 알려주는 표시가 없다. 하지만 눈앞의

유적에서 이곳을 떠난 유물을 소환하는 순간 눈앞의 유적과 그 유물은
새로운 생명을 얻는 것처럼 활기차진다.

국립중앙박물관에 전시된 황남대총 유리병과 유리잔들

6
파도를 만나면
거울을 던져라

영화나 책의 제목처럼 전시 제목도 막판까지 고민한다. 때로는 답안지를 내야 할 시간까지 1번과 2번 사이를 왔다 갔다 하는 시계추가 된 듯한 기분도 든다. 전시를 준비하는 동안 머리 한구석으로는 '뭐 좋은 제목이 없을까?' 고민하고, 마음에 드는 이름이 떠오를 때마다 메모하곤 했다. 어느 날 문득 "맞아, 이거야!" 하고 앓던 이가 쑥 빠지는 기분이 드는 제목을 찾기도 하지만 고민을 거듭해도 마음에 쏙 드는 제목을 만나지 못할 때도 있다.

<쇠, 생명을 얻다>는 박물관을 다니면서 지은 특별전 이름 가운데 가장 마음에 들고 애착이 가는 제목이다. 전시 주제는 금속공예였다. 이

전시를 준비하면서 그동안 잘 몰랐던 다양한 금속공예품들을 살펴봤다.
금으로 만든 귀걸이를 보며 귀에 거는 상상을 해보고, 금동 자물쇠를
만지작거리며 사용법을 찾아보고, 처음 보는 향로 앞에서 어느 나라
것인지 헷갈려하기도 했다.

그중에서 청동 거울을 살펴볼
때는 탐정이 된 것처럼 신났다.
박물관에서 관람객에게 많이 들은
질문 가운데 하나는 "이걸로 어떻게
얼굴을 봐요?"였다. 조용하던
관람객의 말문을 열게 한 유물이
바로 청동 거울이었다. 청동 거울을

호림박물관 금속공예 특별전에 출품된 황비창천명 거울

전시할 때는 전시 효과를 위해 얼굴을 보는 쪽보다 반대쪽인 무늬가
있는 쪽으로 전시한다. 청동 거울이라는 이름표를 본 관람객 입장에서는
의아스러울 수밖에 없다.

"이 면에 무늬가 있어서 이쪽으로 전시했어요. 거울을 보는 쪽은
전시되지 않는 면입니다. 다른 박물관도 비슷합니다."

만약 얼굴이 비출 수 있는 쪽으로 전시를 한다면 관람객들의 궁금증이
해소될까? 그렇지 않을 확률이 100퍼센트다. 역시 얼굴이 보이지 않는다.
시간이 지나면서 청동 거울이 검푸르게 녹슬기 때문이다. '그래도 혹시
알아?' 하면서 다양한 청동 거울들을 이리저리 살펴보았다. 아쉽게도 아니,

당연하게도 예상대로 내 얼굴을 짠 하고 비추는 거울은 찾을 수 없었다.

덕분에 다양한 고려시대 거울들을 꼼꼼하게 살필 수 있었다. 그중 '황비창천(惶丕昌天)'명 거울(청동 양각항해문'황비창천'명 팔릉경)이 유난히 눈에 뜨였다. 동그란 거울 윗면에 큼지막하게 '황비창천'이란 네 자가 쓰였다. '밝게 빛나며 크고 창성한 하늘'이라는 뜻이다. 글자 아래로 넘실거리는 바다 위에 배가 떠있고 입을 쫙 벌린 용이 배를 막아선 듯하다. 산처럼 요동치는 파도에서는 거대한 물고기가 튀어나올 듯하다. 그런데 배에 탄 사람들이 예사롭지 않다. 뱃머리 앞에 선 사람들은 두 손을 모은 듯하고 그중 한 사람은 칼로 무엇인가를 내리치는 듯하다. 뒤에 있는 사람들은 키를 움직이고 있다. 글과 그림으로 보면 거친 파도가 멈추고 항해하기 좋은 날씨가 되기를 기원하는 것 같은데 정확히 알 수 없었다. '거울에 왜 이런 그림을 남겼을까?'라는 의문이 오래도록 머리를 떠나지 않았다.

황비창천명 거울은 인기 스타다(호림박물관뿐만 아니라 여러 박물관에서도 어렵지 않게 찾아볼 수 있다). 고려시대를 다룬 전시나 책에서 빠지지 않는다. 주로 대외 교류가 활발했던 '고려'라는 항목에 이 유물이 쓰인다. 배를 타고 거센 바다를 헤치고 나가는 장면 때문이다. 고려를 세운 왕건 집안이 개성에서 무역으로 부를 쌓았으니 다른 왕조에 비해 왕실의 상업적 성격이 강하다. 그래서인지 고려의 역사에서 항해와 무역을 중요시한 사실을 어렵지 않게 찾아볼 수 있다. 2018년에 국립중앙박물관에서 열린 특별전 〈대고려 918·2018 그 찬란한 도전〉에서는 이 거울이 맨 앞에 전시되었다.

예전에는 거울의 유명세에 비해 그림의 의미는 막연하게 추정되었다.
그저 바다에서 겪을 수 있는 위험한 상황을 묘사한 것이며 황비창천은
맑은 하늘이 되기를 기원하는 등 항해의 안전을 위한 것 정도로 알려졌다.
그런데 몇 해 전, 여기서 한 걸음 더 나아가 이 그림의 사상적 배경을
밝힌 글을 만났다(정수희, 「고려
煌丕昌天銘鏡의 도상과 불교적

황비창천명 팔릉경

해석」,『미술사학연구』286호(한국미술사학회, 2015)). 이 글에 따르면 거울의 그림은 《대수구다라니경》이라는 불교 경전의 내용과 비슷했다.

경전의 내용은 이렇다. 어떤 사람이 바다로 보물을 찾으러 갔다 바다 한가운데서 저미어라는 거대한 물고기를 만나 위험에 처했다. 게다가 용왕이 화가 나 천둥 번개와 큰 파도를 일으켰다. 이때 배에 탄 사람이 수구다라니를 써서 돛대에 달았더니 그 배가 밝게 빛났다. 그러자 배를

황비창천명 거울(부분)

괴롭히던 저미어가 사라지고 용왕도 마음을 바꾸어 그 배를 보물이 있는 곳으로 안전하게 데려다주었다. 거울 그림에 잘 어울리는 내용이었다.

위급한 상황에서 거울은 어떻게 사용되었을까? 여러 기록을 살펴보면 항해를 하기 전에는 물론 항해를 하다 위급한 상황을 만나면 의식을 치른 것을 알 수 있다. 앞 논문 따르면 위급한 상황에서 수구다라니를 돛대에

달아놓은 것처럼 안전한 항해를 기원하며 이 거울을 돛대에 단 것으로 보인다. 일부 황비창천명 거울에서도 돛대 위쪽에서 동그란 물체를 볼 수 있는데, 그 물체가 거울일 가능성이 있다는 것이다. 또 항해 중 위급한 상황을 만날 때에는 뭔가를 바다에 던지는데, 이 거울 역시 바다에 던졌을 것으로 추정했다. 이 논문을 빌자면 이 거울은 안전한 항해를 위한 부적이었고, 위급한 상황에서 사용한 제물이었다.

고려인들은 거울을 믿고 그 바다로 나아갔다. 왕건의 선조들이 등장하는 신화의 무대 역시 바다였다. 그래서인지 고려는 바닷길을 따라 다른 나라와 적극적으로 교류했다. 광종 때 중국인 쌍기를 등용해 과거제도를 실시한 예가 대표적이다. 고려 왕실의 전통은 원 간섭기 때에도 마찬가지였다. 오랜 기간 몽골과 싸운 끝에 고려는 원나라와 강화를 맺는다. 이 시기에는 여느 때보다 가장 활발하게 중국을 오갔다. 역사상 처음으로 우리나라 왕이 중국에 살았고, 양국 간 문물교류도 활발하게 이루어졌다. 심지어 왕이 직접 나서 장사를 할 정도였다. 코리아라는 이름은 바닷길을 따라 세계로 뻗어나갔다.

남쪽에서 고려의 바다를 만날 수 있는 곳

고려의 바다를 만나려면 먼저 강화도로 가야 한다. 강화도 평화전망대는 예전에 민간인 통제구역이었을 정도로 북한이 잘 보인다. 처음 갔을 때 야트막한 산에 있는 전망대에 올라 마주한 풍경 앞에서 잠시 멍했다.

책으로만 보고 이야기로만 들었던 역사의 현장이 거짓말처럼 눈앞에
실재했다. 오른쪽으로 개성의 상징이자 고려의 역사에 끊임없이 등장하는
송악산이 아스라하게 펼쳐졌다. 그 아래 개성이 자리 잡았다. 왼쪽으로는
예성강이 유유히 흘렀다. 이 강을 따라 조금 거슬러 올라가면 역사 속
벽란도에 이른다.

　고려 바닷길의 시작과 끝에 벽란도가 있었다. 지금은 흔적조차
희미하지만 당시 벽란도는 해상 무역을 중시한 고려의 국제 무역항이자
국내 해상 물류의 종착지였다. 벽란도를 중심으로 뻗어나간 바닷길에
자신감이 넘쳐서였는지 고려의 문인 이규보는 한바탕 허풍을 쳤다.

　"아침에 출발하면 오후에 남만(류큐 등 남쪽 지방에 있는 나라)에 도착한다."

　중국의 기록에 따르면 중국을 출발해서 5일 뒤면 흑산도에 도착한다.
이곳에서 7일 뒤면 예성강에 도착하고 다시 3일 뒤면 벽란정에
도착한다고 한다. 벽란정은 예성항(훗날 벽란도)에 있던 사신들이 머무르던

평화전망대에서 본 예성강

곳이었다. 이 기록에 따르면 중국에서 벽란도까지는
보름 정도의 뱃길이었다. 한 중국 상인이 내기
바둑으로 고려 상인의 부인을 빼앗아 데려가다
배가 위험에 처하자 그 부인 때문이라 여기고
부인을 다시 데려다주었다는 <예성강곡>의 무대도
바로 이곳 벽란도였다.

대동여지도의 벽란도

　평화전망대에서 영광의 무대 벽란도 앞바다를
만났다면 이번에는 고려의 다른 바다를 만날 차례. 태안의 안흥이다.
그곳은 예측할 수 없는 위험이 도사린 곳이었다. 바닷길의 안전을 위해서
제사를 지내고 거울에 안전을 빌었지만 일어날 일은 일어나고야 말았다.
　2007년 5월 18일, 태안 안흥 앞바다에서 한 어부가 주꾸미를 건져
올렸다. 그런데 주꾸미는 혼자 올라오지 않았다. 주꾸미가 끝까지 놓지
않았던 건 고려청자였다. 주꾸미가 알을 낳고는 근처에 있던 청자 대접을

평화전망대에서 본 송악산

집으로 삼았다. 주꾸미가 올라온 바닷속에서 무려 23,000여 점의 고려 청자를 건져올렸다. 사람들은 바닷속에서 건져올린 청자를 보고 입을 다물지 못하면서 난파선을 '보물선'이라고 불렀다.

침몰한 배에는 청자 사자모양 향로가 들어있었다. 사자는 고려 청자를 통틀어 최고의 인상파다. 각지고 큰 얼굴, 뾰족한 코, 두툼한 입술, 톱날 같은 이 사이로 삐죽 나온 혓바닥은 전투 의지로 활활 불타오른다. 파이터의 상처 같은 금들이 몸통 곳곳에서 보인다. 입에서 나오는 향은 마음을 뒤흔드는 마군을 내쫓을 기세다. 해학과

주꾸미가 건져 올린 청자 대접

명작의 경계에 선 이 사자는, 그러나 한 번도 향을 내뿜지 못했다.

오랫동안 사자가 잠들었던 그 바다는 가장 험난한 해로였다. 우리나라

사자 향로

해로 가운데 손돌목, 명량해협과 더불어 물살이 가장 거센 곳으로, 고려의 배를 포함한 수많은 배들이 침몰했다. 원래 이름은 가기 힘들다고 해서 난행(難行)이었다. 그런데 난파가 끊이지 않자 이름을 편안할 안(安)이 들어간 안행(安行)으로, 다시 안흥(安興) 바꾸었다. 여기를 지나지 않으려고 운하를 팠을 정도였다.

난파선 속 청자 사이에서 유골이 하나 발견되었다. 나이는 30대, 키는 160센티미터, 뼈의 상태로 보아 선원일 가능성이 높았다.

"배가 갑자기 침몰하면서 청자가 든 상자에 깔렸고 빠져나오려고 몸부림치다 사망한 것으로 보인다."

발굴보고서(『고려청자 보물선 - 태안 대섬 수중발굴 조사보고서』, 문화재청 국립해양문화재연구소, 2009)는 선원의 최후를 이렇게 추정했다. 뱃사람의 운명을 아무도 예측할 수 없었던 것처럼 바다 역시 그랬다.

바다의 불확실성을 견디며 고려인들은 그렇게 바다로 나갔고 그 마음을 거울에 담았다. 오랜 항해를 마친 거울은 지금, 평화로운 전시실에서 관람객을 만나고 있다.

7 오래 볼수록 새롭다

박물관을 그만둔 뒤 새로운 버릇이 생겼다. 전시를 볼 때 나도 모르게 유물의 촉감을 상상하곤 한다. 전시된 유물이 도자기라면 영락없다. 도자기를 왼손으로는 아기 안듯 안고 오른손으로는 바닥을 둥글게 훑는 시늉을 한다. 그러면 진짜 도자기를 안은 것처럼 손끝에서 거칠거칠한 질감이 전해지고 그 유물과 보이지 않는 끈으로 이어진 듯 기분이 좋아진다. 10년이 지났는데도 그렇다.

　가끔 아련하고 그립다. 박물관에 다닐 때는 코앞에서 유물을 이리 보고 저리 보고 살펴보고 만져보았다. 특별할 것 없는 일상이 박물관을 그만둔 뒤 더 이상 일상이 아니었다. 근무했던 호림박물관 소장 유물이 가끔 다른 박물관 특별전에 출품될 때가 있다. 전시를 보러 갔다 우연히 그 유물을 만나는 순간, 오랫동안 만나지 못한 친구를 보는 듯 반갑고 정겹다. 손도 같이 반응해 유물의 촉감과 무게감이 되살아난다. 손은 그 유물을 기억하고 있었다.

　대학원 과정을 마치고 박물관에서 일하기 시작했다. 당시 박물관 유물이란 두꺼운 진열장 유리창 너머에 고고하게 앉아있어 그저 바라봐야 하는 존재였다. 아무리 뒷면이 궁금해도 속이 궁금해도 아랫부분이 궁금해도 어쩔 수 없었다. '진짜로 만져볼 수 있다면 얼마나 좋을까!' 박물관에서 일한다는 건 그 갈증이 풀린다는 걸 뜻했다.

　출근한 지 얼마 지나지 않은 날, 드디어 때가 왔다. 내 눈앞에 진짜 도자기가 놓였다. '혹시나' 하는 긴장과 '드디어'라는 설렘이 짧은 순간 교차했다. '눈앞에서 유물을 보다니. 게다가 만질 수 있다니!'

　도자기를 뚫어질 듯 바라보다 금단의 경계를 넘어 새로운 세상으로 들어섰다. 손끝이 짜릿했고 심장이 두근거렸다. 도자기의 부드러운 곡선을 따라 손이 흘러내렸다. 바닥을 들여다보고 손가락으로 굽을 훑자 거칠거칠한 질감이 손끝으로 스며들었다. 본격적으로 유물을 보고 만지고 조사하고 전시하는 나날들이 시작되었다.

　같은 유물이라도 같지 않다. 사진으로 봤을 때, 눈앞에서 봤을 때, 실제로 만져봤을 때 달라진다. 사진으로 본 아이돌, 공연장에서 본 아이돌, 눈앞에서 악수를 나눈 아이돌만큼이나 차이가 크다. 사진은 눈앞의 유물을 이기지 못했고, 눈앞의 유물은 만져본 유물을 뛰어넘기 어려웠다. "그래서 실제로 봤냐고!" 대학원에서 토론할 때 이 이야기가 나오면 사진만 본 사람은 할 말이 급격하게 줄어들었다. 박물관에 들어오고 나서야 눈으로 보는 유물과 직접 만져보는 유물이 꽤 다르다는 걸 알았다. 눈으로 촉감을 느끼기는 어렵다. 손끝으로 촉감이 전해질 때 유물과 끈끈하게 이어진 것 같았고 그럴 때면 뿌듯했다. 박물관에서 일하지 않았다면 모를 세계였다.

유물마다 촉감이 다르다. 도자기는 얼음처럼 차갑고 매끈하다. 표면이 차가울수록 손가락이 도자기에 달라붙는 것 같았고, 그럴 때면 도자기에 담긴 비밀이 은밀하게 전해오는 것 같았다. 반면 토기는 거칠면서도 옹골차 온갖 풍파를 겪은 쇠붙이 같았다. 요즘 종이는 매끈매끈하고 얇지만 옛 종이는 거칠면서 질겼다. 책장을 넘길 때면 오랜 시간을 머금은 책 특유의 냄새가 피어올랐다.

냄새라면 목가구도 빠지지 않는다. 오랫동안 켜켜이 바른 기름 냄새와 그 안에 담았던 물건 냄새가 은은한 나무 냄새와 뒤섞여 낯설면서도 편안했다. 나뭇결의 굴곡이 심한 오동나무로 만든 가구는 깊게 패인 손등 같았다. 그래서 오동나무로 만든 목가구를 만날 때면 주름을 느끼려 쓰다듬어보기도 했다.

천년의 촉감을 간직한 초조대장경

초조대장경, 이 유물은 깊은 바닷속 전설처럼 전해지는 심해어 같았다. 역사책에서는 고려 초 거란의 침입을 부처의 힘으로 막으려고 만든 대장경으로, 원본인 목판은 몽골이 침입했을 때 불타 사라졌고 목판으로 인쇄한 책만 전한다고 기술한다. 몽골의 침입을 막기 위해 만든 팔만대장경은 사진으로나마 볼 기회가 있었지만 초조대장경은 그렇지 못해 신비로운 느낌마저 들곤 했다. 공교롭게도 호림박물관은 우리나라에서 초조대장경을 가장 많이 소장한 곳이었다.

2003년, 미국 샌프란시스코에 있는 아시안아트뮤지엄에서 재개관 기념 특별전이 열릴 때였다. 특별전 제목은 <고려 왕조 - 한국의 계몽 시대>였다. 이때 호림박물관에 대여를 요청한 유물에 초조대장경인 '초조본 아비달마식신족론 권12(국보 267호)'가 포함되었다. 대여하기 전, 상태를 정밀하게 점검하려고 둘둘 말린 두루마리를 펼치자 장갑 너머로 천년의 촉감이 전해졌다. 앞장은 거칠거칠했지만 뒤로 갈수록 매끈매끈하고 힘이 넘쳐 막 인쇄를 끝낸 것 같았다. 그 순간 왠지 모르게 뭉클했고 긴 시간을 견뎌준 초조대장경이 고마웠다.

초조대장경에는 오랫동안 아무도 몰랐던 비밀이 숨어있었다. 한문을 잘 끊어 읽기 위해 대나무로 토를 눌러 쓴 각필구결이었다. 경전을 훼손하지 않으려고 대나무로 썼는데 오랜 시간 눌려있어서인지 눈에 잘 띄지 않았다. 2000년에 다른 박물관에 소장된 초조대장경에서 최초로 각필구결이 발견되었다. 그 뒤 외부의 전문 기관에서 숨은 글자를 찾으려고 호림박물관 소장 초조대장경도 꼼꼼하게 조사했다. 말려있던

아시안아트뮤지엄 특별전에 출품된 '초조대장경'

수많은 초조대장경을 한꺼번에 만난 건 바로 이때였다. 고려인이
은밀하게 표시한 글자들을 찾아낼 때마다 둘둘 말렸던 역사의 한 자락을
펼쳐 꺼내는 느낌이었다. 마지막 조사를 마치고 수장고로 옮기면서
초조대장경을 지킨 사람들에게 조금은 보답한 것 같은 기분이 들었다.

그 이후 어디서든 초조대장경을 보면 그냥 지나치지 못한다. 둘둘 말린
종이의 겹을 살펴보다 두루마리를 조심스레 풀어나가는 상상을 한다. 그럴
때면 오래된 종이 냄새가 피어오르는 것 같다.

유물을 만진다는 건 코앞에서 유물을 이리 보고 저리 본다는 것이다.

박물관에서 일하면서 이리 보고 저리 보는
참맛을 알았다. 도자기는 속도 들여다보고
뒤집어 바닥도 살펴보고, 책은 맨 앞부터 한
장 한 장 넘겨본다. 목가구는 조명을 비춰
숨겨진 나뭇결을 찾고 닫힌 문을 열어 내부를
들여다본다. 그림은 디테일을 보고 미묘한
색감을 구분한다. 진열장 밖에서는 할 수 없는
작업들이다. 이리 보고 저리 보다 보면 보이는
것이 달라진다. 오래 볼수록 새롭고 깊이 볼수록
놀랍고 자세히 볼수록 많이 보인다. 보는 시간이
쌓일수록 보는 힘도 조금씩 커져 같은 유물도 어느 순간 달라 보인다.
시간은 유물을 보는 나를 바꾸었다.

이야기꾼의 눈이 생기다

박물관을 그만둔 뒤에도 계속 유물을 만났다. 그렇지만 박물관에 다닐
때처럼 손으로 유물과 접속할 수 없다는 걸 잘 안다. 대신 기회가 날
때마다 박물관을 다녔다. 박물관은 많았고 특별전은 끊임없이 열렸다.
박물관 다닐 때보다 훨씬 많은 박물관을 둘러보고 특별전을 만났다.
처음에는 진열장 밖에서 할 수 있는 일이 많지 않았다. 전시된 면을
집중해서 보거나 쪼그리고 앉아 아랫부분을 올려다보거나 까치발로 서서

위쪽을 내려다보는 정도였다. 사실 모든 관람객은 이런 전시 조건에서 유물을 만나왔다. 이제는 유물을 직접 만지고 전시하는 큐레이터의 입장이 아니라 큐레이터가 준비한 전시를 보는 관람객 입장이었다.

점점 전시와 유물을 보는 방식이 달라졌다. 박물관에 다닐 때는 고미술 관련 전시를 주로 봤지만 지금은 고미술뿐만 아니라 근현대사 관련 전시도 자주 본다. 고미술 전시와 근현대사 전시는 얼핏 비슷해 보이는 것 같아도 전시물의 성격도, 전시의 분위기도 다르다. 전시를 자주 보면서 개별 유물을 집중해서 보기도 하지만 전시가 주는 전체적인 맥락과

이야기꾼이 되다

분위기를 눈여겨본다. 이때 유물은 전시 구성 요소의 하나로 존재한다. 어느 순간부터 전시 자체가 하나의 거대한 작품으로 다가왔다. 전시를 연다는 건 큐레이터가 만든 작품을 공개한다는 것이고 전시를 본다는 건 이 작품을 만난다는 것이다.

또 이야기꾼의 눈이 생겨났다. 전시실에 담긴 이야기를 쏙 꺼내서 사람들에게 들려주고 싶었다. 전시실에서 이야기를 들려주는 건 박물관을 다닐 때에도 무척 좋아했다. 관람객들에게 이야기를 들려주다 보면 한두 시간이 훌쩍 지나갔다. 박물관에서 일할 때는 큐레이터의 입장에서 들려주었다면 이제는 큐레이터와 관람객의 중간에 있는 이야기꾼의 입장에서다. 큐레이터의 눈이 아니라 이야기꾼으로 눈으로 전시를 보기 시작했다. 이 박물관에는, 전시에는, 진열장에는 재미있는 이야기가 없을까 하고 기웃거리기도 하고, 뚫어지게 쳐다보기도 했다. 그렇게 헤매다 보면 어느 순간 문득 이야기가 떠올랐다. 그런 날은 횡재한 기분이었다. 사람들과 같이 박물관에 올 때 쓸 수 있는 이야기 카드가 이렇게 늘어난다.

박물관에서 일할 때는 그때대로, 박물관을 그만 둔 지금은 또 지금대로 유물을 만났다. 그사이 박물관과 유물을 보는 내 눈이 바뀌었다. 오늘도 그 눈으로 유물을 조우한다.

2장 내가

만난
박물관

8 박물관도 작품이다

박물관에서 만나는 첫 번째 작품은 뭘까? 바로 박물관 그 자체다. 이 사실을 아는 데까지 긴 시간이 걸렸다. 박물관에서 일할 때에도 박물관 건축 자체에는 큰 관심이 없었다. 그 안에 담긴 유물과 전시에 기울인 관심에 비하면 이상한 일이었다. 다른 박물관을 볼 때면 박물관 건축을 몇 단어로 평가했다. "와 멋있다! 진짜 큰데? 잘 만들었다." 그리고 전시를 보러 재빨리 박물관 안으로 들어갔다.

2009년, 강남구 신사동에 호림박물관 신사분관이 개관했다. 박물관에 들어가서 줄곧 관악구 신림동에 있는 본관에서 일했다. 그러다가 신사분관이 완성되면서 개관 준비를 하기 위해 신사동으로 일터를 옮겼다. 신사분관의 생김새는 신림본관과 사뭇 달랐다. 신림본관이 기능에 충실한 사각형을 기본형으로 만들어졌다면 신사분관은 굽이치고 겹치는 원통형을 기본으로 했다. 멋있고 낯설고 신기했다.

새 박물관을 설계할 때 건축가는 무엇에 주목했을까? 먼저 박물관이 들어서는 장소의 특성에 주목했다. 박물관이 하늘에 떠있지 않은 이상

호림박물관 신사분관

그 땅의 일부가 된다. 강남의 다양한 특성 가운데 현대 소비 문화에 주목했다. 강남 신사동 일대는 한국의 소비 문화를 이끄는 곳이었다. 이런 곳에 들어설 박물관은 현대 소비 문화의 중심지에 전통 문화의 향기를 내뿜는 역할을 하게 된다. 생명력이 강인하고 멀어질수록 향이 진해진다는 연꽃이 그 상징성을 담기에 제격이었다. 건축가는 벽을 겹겹이 쌓아 꽃잎이 겹겹이 쌓인 연꽃을 건축적으로 형상화했다. 그 중심에 전시실이 들어섰다.

또한 건축가는 박물관 소장품에서 박물관 외관에 관한 아이디어를 얻었다. 박물관 건물을 자세히 보면 위로 갈수록 넓어지는 부드러운 원통형이다. 위가 넓은 원통형 조형의 모티프는 도자기였다. 박물관 건물을 보면 군세면서도 부드럽고 길쭉한 백자 항아리가 떠오른다.

박물관과 이어진 사무용 건물인 호림아트센터는 빗살무늬토기에서 모티프를 얻었다. 빗살무늬토기처럼 건물은 위가 넓어지는 원통형으로, 창문의 모양과 배치는 빗살무늬를 상징한다. 두 건물을 보면서 토기와 도자기가 사람들의 먹을거리를 담았듯 박물관도 대지에 군건하게 뿌리를 내리고 문화의 향기를 가득 담아 널리 펼쳐내기를 바랐다.

박물관의 설계 의도를 몰라도 잘 보면 느낄 수 있다. 꼭 무엇을 알아야 하는 건 아니다. 그러나 설계 의도를 알고 나면 박물관 건축이 달라 보인다. 건축가의 고민과 시선을 이해하고 왜 그런 건축이 탄생했는지 고개를 끄덕거린다. 알수록 재미있고 더 알고 싶어진다. 건축가의 아이디어가 어떻게 건축에 구현되었는지 알고 나자 아쉬웠다. 그동안 무심코 지나쳤던 여러 박물관 건축에 치열한 건축가의 뜻이 스며들었을 텐데, 알고 보면 잘 살펴볼 수 있었을 텐데.

박물관 건축은 여기서 끝이 아니라 시작이다. 지금까지 살펴본 요소들은 다른 종류의 건축에도 적용되지만, 박물관 건축에는 더 예민하게 고려되어야 하는 요소가 있다. 동선이다. 박물관의 동선은 단지 사람이 움직이는 선이 아니다. 감정을 불러일으키는 선이다. 사람들은

신사분관 정문

신사분관 입구

걷고 멈추고 보고 느끼고 또 걷고 멈추고 보고 생각한다. 동선은 사람이 움직이면서 만드는 감정의 떨림과 흔적이다. 음악가가 악보에 높고 낮은, 길고 짧은 음표들로 소리의 길을 만드는 것처럼 건축가도 드라마틱한 길을 만든다. 그 길은 건축이 완성되고 전시가 시작되면서 완결된다.

신사분관의 입구는 짧고 좁지만 강렬하다. 전시실 안으로 들어가려면 벽 사이로 난, 두어 사람이 지나갈 정도로 좁고 어두운 길을 걸어야 한다. 영화 <인디아나 존스>의 무대인 페트라 계곡을 걷는 듯 조심조심 두근두근 걷는다. 그러다 갑자기 오른쪽 벽에서 순간적으로 큰 문이 열린다. 깜짝 놀라 들어가면 한여름 활짝 핀 연꽃처럼 메인 홀이 펼쳐졌다. 건축가가 의도한 극적 반전이다. 관람객은 놀라움을 간직한 채 전시실로 들어가 유물을 만난다.

신사분관의 건축을 살펴보면서 박물관을 구성하는 땅의 역사와 박물관 건물의 상징, 동선 세 가지를 눈여겨보았다. 건축 전공자는 아니지만 다른 박물관을 찾아갈 때도 건축가의 설계 의도를 찾아본다. 설계 요소들을 찾아 확인하면서 살펴보면 박물관 가는 길이 재미있다. 건축가의 번뜩이는 재치와 깊은 사유가 돋보이는 박물관을 만나면 몇 배로 즐겁다.

박물관을 작품으로 읽다

박물관을 그만둔 뒤 가장 자주 방문한 박물관이 국립중앙박물관이다. 우리나라에서 가장 큰 박물관으로 대표적인 유물들이 모였고, 해마다

거울못에서 바라본 국립중앙박물관

300만 명 이상이 방문하는 곳이다. 유물을 살펴보고 관람객의 관람
경향을 관찰하고 박물관에 관심 있는 사람들과 박물관 보는 법을 이야기
나누기에 알맞은 조건을 두루 갖추었다. 사람들과 답사를 갈 때는 박물관
남문 앞이나 전시실 출입문 앞에서 시작하지만 어디에서 시작하든 박물관
건축 이야기를 먼저 꺼낸다.

　박물관 건축을 제대로 답사할 때는 박물관 건물에서 멀리 떨어진
남문에서 출발한다. 남문에서 출발해야 전체적인 박물관 배치가 눈에

들어온다. 그런데 남문은 어디에 있을까?

지하철을 타고 온 사람들은 서쪽 지하 나들길로 오고, 자기 차를 타고 온 사람들은 건물 지하 주차장에서 온다. 서쪽 나들길로 들어오면 박물관 옆구리를 먼저 보는 셈이고, 주차장으로 오면 박물관 머리 아래에서 불쑥 올라오는 셈이다. 원래 남문 주변은 긴 박물관 건물에 대응해 넓고 긴 주차장으로 설계되었는데, 불가피한 사정으로 주차장이 박물관 지하로 결정되면서 설계자의 의도와 달리 그만 관람객의 주요 동선에서 멀어졌다. 설계 의도와 현실이 어긋나면서 설계의 출발점인 남문은 잊혔다.

넓디넓은 남문에서 걸어 올라가면 거울못이 나온다. 연못이라기보다 호수에 가깝다. 여기 서면 박물관의 종합 계획이 입체적으로 보인다. 건축가는 이 땅을 어떻게 해석했을까?

멀리 남산이 보이고 앞으로 한강이 흐른다. 이 사이에 박물관이 들어서면 그 자체가 배산임수다. 전통적으로 집이 들어서는 원리다. 그런데 멀리 떨어진 남산은 장대한 박물관 건물에 가려지고 또 한강은 아파트에 가렸다. 이때가 건축가의 상상력이 발휘되는 순간이다. 박물관 건물을 뚫어 만든 거대한 액자에 남산을 담았다. 건물 앞에는 거울못을 만들어 산과 짝하도록 만들었다. 액자 속의 남산, 박물관 건물, 타원형 연못은 배산임수의 현대적 표현이었다.

박물관 건물은 웅장하고 거대하다. 위압적이면서도 믿음직스럽고 단순하면서도 강렬하다. 이처럼 이 건물에 대한 평가는 보는 사람에 따라 엇갈린다. 건축가는 남한산성이나 수원 화성 같은 우리나라의 오래된 성에서 모델을 구했다. 그래서인지 결코 무너지거나 함락되지 않을 것처럼 높고 견고해 어떤 위협에도 굴하지 않고 문화유산을 지키겠다는 투지가 넘친다.

투지 높은 박물관 건물 뒤로 용산의 역사가 스친다. 용산은 대대로 외국 군대의 주둔지였다. 임진왜란 때는 일본군이, 조선 말 임오군란 때에는 청의 군대가 주둔했다. 청일전쟁과 러일전쟁 그리고 일제강점기까지는 일본 군대가, 해방 후에는 미군이 주둔해서 최근까지 이어졌다. 우리 역사에서 용산의 역사는 전쟁의 역사와 흐름을 같이했다. 그래서 그런 걸까, 공교롭게도 이곳에서 북쪽에 있는 전쟁기념관 앞에는 청동 검이 하늘 높이 솟았고, 그 남쪽에 있는 국립중앙박물관은 견고한 성이 되었다.

"견고한 성곽은 외부와의 단절이라는 긴장감을 자아냄과 동시에 우리를 안전하고 평화롭게 보호한다는 안정감을 상징하고 있다."

건축가는 박물관 건물을 긴장감과 안정감이라는 키워드로 풀어냈다.

2005년 처음 박물관 건물을 봤을 때는 꼭 지키고야 말겠다는 넘치는 의지와 장대한 규모에 주눅 들었다. 건물의 첫인상은 안정감보다는 긴장감이었다.

거울못에서 박물관 건물로 가는 동선이 독특하다. 연못을 곧장

범종각 계단에서 본 부석사무량수전

박물관 계단에서 만난 국립중앙박물관 건물

가로지르지 않고 연못을 빙 둘러 사선으로 오르도록 만들었다. 건축가는 박물관 설계를 앞두고 한국 전통 건축의 고전을 찾아보다가 경상북도 영주 부석사의 독특한 공간 배치에서 영감을 얻었다.

부석사, 나는 그곳을 전라남도 순천의 선암사와 더불어 우리나라 2대 절집으로 꼽는다. 선암사가 편안하고 따뜻하다면 부석사는 시원하고 호쾌하다. 선암사가 조계산 산자락에 폭 들어앉았다면 부석사는 소백산 산자락에서 훨훨 날아오를 것 같다.

부석사 일주문에서 무량수전(영주 부석사 무량수전, 국보 18호)으로 가는 길은 장엄한 축대로 세계와 세계를 구축했다. 또 동선이 독특해 걸을 때마다 예상치 못한 드라마가 펼쳐진다. 길이 꺾일 때마다 풍경은 반전하고 건물 아래를 지날 때마다 시야는 좁아졌다 극적으로 열린다. 보일 듯 보이지 않던 길 끝에서 무량수전을 만난다.

건축가는 호쾌하고 긴장감 넘치는 부석사를 택했다. 거울못 왼쪽으로 돌아가다 오른쪽으로 방향을 꺾으면 박물관 건물로 오르는 계단이 나타난다. 건축가가 부석사에서 받은 영감을 어떻게 구현했는지 궁금했다. 사선으로 꺾이는 동선, 길게 뻗은 박물관 건물을 사선으로 보도록 만든 동선은 부석사 범종각에서 무량수전을 바라보는 길과 비슷했다. 범종각 아래 계단에 올라서면 무량수전의 측면이 보인다. 이때 무량수전이 얼마나 맵시 있어 보이는지. 부석사에서 계단을 오르면 넓은 대지가 펼쳐지듯 박물관 계단을 오르는 중간중간 넓고 평평한 공간이 나온다.

부석사를 떠올리도록 만드는 곳은 또 있다. 국립중앙박물관의 핫 플레이스인 계단이다. 남산이 보이도록 뻥 뚫린 곳 아래에 거대한 계단이 늘어섰다. 계단에 가까이 가면서 풍경이 사라지고 계단을 거의 다 오르면 문득 새롭고 낯선 풍경과 조우한다. 엄청난 규모의 미군 기지, 남산, 그리고 북한산으로 시야가 넓어지고 앞으로 돌아서면 박물관 앞마당이 한눈에 들이온다. 이곳은 부석사 무량수전 앞 안양루 아래 계단과 비슷하다. 이곳이 부석사에서 가장 극적인 공간이다. 계단을 하나 오르면 무량수전이 살짝 보이기 시작해 계단 맨 위에서 마침내 온전한 무량수전을 대면한다.

안양루 아래 계단

뒤로 돌아서면 소백산 산줄기들이 시원하게 내달리는 풍경을 목격한다.

박물관 자체가 특별한 작품이다. 건축가는 그 안에 대지, 유물, 사람, 역사를 담는다. 넷은 서로 어우러져 감정을 불러일으키고 감동과 울림을 만든다. 그래서 박물관은 명사인 동시에 동사로 존재한다. 박물관을 명사에서 동사로 만드는 사람은 건축가뿐만 아니다. 관람객이 박물관 건축을 읽어낼 때 박물관은 언제든 동사로 바뀐다.

열린마당 계단

9

전시실과 친해지는 법

한 교사에게 연락이 왔다. 박물관의 유물을 보는 법 말고 전시실 읽는 법을 강의해주면 좋겠다고 했다. 뜻밖이었고 반가웠다. 보통 박물관 관련 특강은 예외 없이 유물 보는 법이나 박물관에서 역사 읽는 법을 요청해왔다. 그 교사는 박물관을 자주 가고 학생들과 박물관으로 체험학습을 다니다 보니 이제는 박물관 자체가 궁금해졌다고 이유를 밝혔다. 그러면 박물관이 새롭게 보일 것 같다는 말도 덧붙였다.

　박물관 전시실, 그곳은 박물관의 최전선이다. 사람들은 박물관으로 전시를 보러 온다. 박물관은 관람객과 전시로 소통한다. 셰프는 자기가 만든 음식을 손님이 맛있게 먹을 때 뿌듯한 것처럼 큐레이터도 관람객이 전시를 즐겁게 볼 때 기쁘다. 더 맛있고 매력 있는 전시를 만들기 위해 사소한 부분까지 신경을 쓴다. 그렇다고 늘 관람객 입에 맞는 음식이 나오거나 늘 좋은 평가를 받는 건 아니지만.

그렇다면 관람객에게 전시실은 어떻게 다가갈까? 전시실을 들어섰을 때 아무 부담 없이 반가운 사람도 있겠지만 뭘 봐야 할지 당황스러운 사람도 있다. 뭔가 엄숙한 분위기마저 든다면 주눅 들기 쉽다. 게다가 유물을 봐도 잘 모르겠고 설명을 읽어도 쉽게 이해되지 않을 때가 있다. 유리 진열장 너머 고고하게 자리잡은 유물, 어려운 설명, 사각형 공간, 익숙하지 않는 조명을 보면 어리둥절하기도 하다. 낯선 전시실에 주눅 들지 않고 가까워지려면 전시실이 어떻게 구성되었는지 알아두는 것도 괜찮다.

관람객 입장에서 전시실 구성을 읽는 법은 보물찾기 설명서와 같다. 눈에 보이지 않는 것을 찾는 즐거움이 크다. 사실 전시실 읽는 법을 몰라도 충분히 전시를 잘 볼 수 있다. 그런데 알고 나면 전에 보이지 않던 것들이 보이기 시작하는 신기한 경험을 한다. 전시실을 구성하는 요소들이 입체적으로 보이고, 박물관 큐레이터들이 어떤 고민을 하고 어떤 노력을 기울였는지 알게 된다. 그리고 무엇보다 알고 나면 좀 만만해 보인다.

전시실은 어떻게 구성될까? 전시실의 주제 구성은 논문의 구성과 비슷하다. 꼭 논문이 아니더라도 책의 차례를 떠올리면 이해하기 편하다. 전체 주제, 그 아래 몇 개의 중간 주제, 그 아래 몇 개의 소주제가 피라미드처럼 이어진다. 논문 주제를 한 가지로 정하듯 한 전시실도 대부분 하나의 주제로 구성된다. 이 주제는 보통 그 전시실의 이름이 되고, 전시실의 입구에 표시된다. 전시실 이름을 알면 그곳이 어떤 곳인지 대략 짐작할 수 있다. 어떤 전시실인지 알고 들어가는 것과 그냥 들어가는 것은 차이가 크다. 이름표를 외롭게 두지 말자.

전시실은 규모에 따라 다시 몇 개의 중간 주제로 나눠지기도 하고, 곧바로 여러 개의 소주제가 펼쳐지기도 한다. 전시실을 구성하는 진열장들은 그 자체로 소주제를 이룬다. 진열장의 상황에 따라 여러 개의 소주제로 구성되는 경우도 있다. 전시실에는 꼭 주제와 내용을 알려주는 설명판이 설치된다. 소주제들의 제목만 읽어봐도 큐레이터가 이 전시실의 주제를 어떻게 정하고 해석하는지, 어떤 흐름으로 전시가 이루어지는지 알기 쉽다. 책의 본문을 읽기 전에 차례를 쭉 훑어보는 것처럼 전시실에서도 제목 훑어보기가 필요하다.

이번에는 진열장 안으로 들어가 보자. 진열장 안에는 유물들과 설명 자료들이 들어있다. 전시실에서 가장 중요한 건 바로 유물이다. 유물이 있기 때문에 박물관이라고 부를 수 있고, 유물은 그 자체로 사람을 움직이는 힘을 갖는다. 유물은 주제를 근거하는 강력한 증거다.

그런데 같은 진열장 안에서도 주연과 조연이 있다. 특별히 중요하거나 부각시켜야 할 유물은 눈길이 집중되도록 배치한다. 가장 간단한 방법은 진열장 한가운데 전시하는 것이다. 사람의 눈은 중앙에 집중하는 경향이 있다. 사진을 찍을 때 중요한 사람이 가운데 서는 것 또는 세계지도에서 자기 나라를 지도 가운데 넣는 것과 같다.

다른 방법으로 무엇이 있을까? 진열대를 높여 전시하거나 다른 유물과 간격을 벌려 홀로 전시된 느낌을 주기도 한다. 특별히 중요한 유물은 독방을 쓴다. 홀로 전시된 작품은 그 자체로 중요하다는 뜻이다. 홀로 있어 손쉽게 관람객의 눈길을 끌기 유리하다. 유물을 사방에서 볼 수 있도록 진열장 네 면을 유리로 제작하기도 한다. 특별 대접이다. 만약 전시실을 꼼꼼히 볼 시간이 없다면 홀로 전시된 유물, 가운데 있는 유물, 높이 전시된 유물을 중심으로 보면 된다.

전시실에는 유물뿐만 아니라 전시의 이해를 돕기 위한 각종 설명판이 있다. 주제를 소개하는 설명판뿐만 아니라 유물의 이름을 알려주는 이름표, 중요 유물의 정보를 제공하는 작은 설명판이 있다. 근현대사 박물관일수록 알려줄 일이 많아서인지 설명판이 많다. 관람객들이 전시실에서 가장 많이 보는 정보 자료가 이 설명판이다. 그래서 큐레이터들은 핵심 내용을 최대한 알기 쉽게 쓰려고 노력한다. 글의 수준은 초등학교 6학년이나 중학교 1학년 수준에 맞추려고 한다.

그러나 핵심적인 내용을 이해하기 쉽게 쓴다는 건 상당히 어렵다. 말을 쉽게 풀어 쓰는 것만으로는 충분하지 않다. 관람객이 꼭 알아야 하는 정보를 파악해서 술술 읽을 수 있도록 편한 문장으로 만들어야 하고, 읽다 지치지 않도록 정보량이 적당해야 한다. 그런데 유물에 관한 개개인의

전시실 주제 구성(국립중앙박물관 고려 I실)

배경지식이 다 달라 어느 정도까지 알려줘야
하는지 가늠하기 쉽지 않다. 몇 개의 문장에
지나치게 많은 정보와 개념이 들어가면, 설명을
읽어도 무슨 말인지 도통 이해하기 어려운 경우도 생긴다.

　이름표는 눈앞에 있는 유물에 관한 짧은 이야기를 들려준다.
이름표에는 유물의 이름, 제작 연대 혹은 시기가 표기된다. 경우에
따라서는 부가적인 정보들, 예를 들면 발견 장소, 기증자 이름을 적는다.
유물은 박물관에 들어오면서 공식적인 이름을 부여받는다. 박물관마다
유물의 이름을 짓는 방식이 조금씩 다르지만, 유물 이름을 읽는 법을 알면
더 많은 정보를 알 수 있다. 유물의 이름은 사람의 이름과 달리 좋은 뜻이
아니라 유물에 관련된 핵심 정보를 모아서 짓기 때문이다.

메인 유물

고려의 도읍지, 개경
Gaegyeong, the Capital of Goryeo

막새 한글 이름
瓦當 한문 이름
와당

출토지
개성 만월대 출토
고려 제작 시기
Roof-end Tiles
Excavated at the Site of Goryeo Palace in Gaeseong
Goryeo Dynasty

만월대에서 출토된 막새이다. 고려시대 막새는 전체적
으로 삼국시대 이래 유행하던 연화문을 계승, 발전시켰다.
점차 이전 시기와는 차별화된 고려의 특징적인 새로운
일휘문이 등장하였고, 후기에는 원의 영향을 받은 범자문이
출현하였다. 만월대에서도 연화문·일휘문·범자문·
귀면문 막새 등이 다양하게 출토되었다.

유물 설명

이름표 읽기

그런데 유물 이름 짓는 법을 알고 나도 암호처럼 아리송한 경우가 많다. 뜻 모를 한문으로 되어있어서다. 국립중앙박물관에서는 이 문제를 해결하기 위해 쉽게 풀어 쓴 한글 이름을 정식 이름과 함께 이름표에 병기한다.

유물을 지키는 장치와 조명

유물의 안전은 무엇보다 중요하다. 유물이 수장고에서 나와 전시실로 이동해 관람객에게 공개되는 순간 유물의 안전은 변수가 커진다. 도난과 파손의 위험, 환경의 변화로 인한 손상의 위험이 늘어난다. 전시실에서 유물의 안전을 보장하는 가장 중요한 장치는 진열장이다. 미술관 전시와 달리 대부분의 유물이 안전한 진열장 안에 들어간다. 진열장은 도난과 파손의 위험으로부터 유물을 지킨다. 진열장 유리는 무척 단단한데, 어떤 유리는 총알에도 뚫리지 않는 방탄 소재를 쓰기도 한다. 진열장 내부에는 움직임을 감지하는 장치가 설치되어 뭔가가 움직이면 바로 감지한다. 어두운 전시실 천장 곳곳에는 CCTV를 설치한다.

또 환경의 변화로 인한 유물의 손상을 막기 위해 진열장 안에 늘 일정한 습도와 온도를 유지해주는 장비를 설치한다. 특히 책, 그림, 나무 유물은 온도와 습도에 민감하다. 온습도계를 넣어 주기적으로 확인하고 아트소브 같은 조습제를 넣는다. 이런 장치들도 진열장이 허술해 외부 공기가 쉽게 진열장 안으로 들어가면 아무 소용 없으니, 진열장은 외부 공기와 차단되도록 만든다.

전시실의 핵심 요소 가운데 하나는 바로 '조명'이다. 조명발이라는 말처럼 조명은 유물을 살리고 죽인다. 조명을 사용할 때는 우선 유물의 안전을 고려해야 한다. 의아하게 생각할지 모르겠지만, 오랫동안 빛을 받은 진열대의 색이 변하는 걸 보면 단박에 알 수 있다. 자외선을 차단하는 조명을 쓰고, 종이나 천에 글씨를 쓰거나 그림을 그린 서화는 조명의 밝기를 최대한 낮춘다. 특히 고려불화는 조명을 최대한 어둡게 처리해 잘 보이지 않을 정도다. 섬세한 고려불화의 선과 독특한 색감이 잘 보이지 않지만 어쩔 수 없다. 고려불화를 제대로 보려면 눈이 어둠에 익숙해질 때까지 기다려야 한다.

조명마다 고유한 색(켈빈 온도)이 있다. 붉은색이 강한 조명이 있는 반면 푸른색을 띠는 조명이 있다. 붉은색은 유물을 부드럽고 따뜻하게 만들고 푸른색은 이지적이고 차갑게 만든다. 한낮의 햇빛처럼 특별한 색을 띠지 않는 조명은 유물의 원색을 무난하게 보여준다. 박물관에서는 만들고자 하는 전시실 분위기에 따라 적절한 조명을 선택한다.

조명의 색에 유난히 까다로운 유물이 있다. 청자다. 청자는 빛을 흡수하기 좋아해 카멜레온처럼 변신한다. 붉은색 조명 아래서는 붉은 청자로 바뀌고 푸른 조명 아래서는 파랗게 질린 청자로 바뀐다. 중국인이 천하제일로 친 청자의 비색을 전시실에서 제대로 만나기 힘든 이유다.

박물관에서 어떤 효과를 내려고 하는가에 따라 유물을 비추는

국립중앙박물관 신석기실

호림박물관 신사분관

국립중앙박물관 특별전 <가야본성 – 칼과 현>

조명 기법도 달라진다. 스포트라이트! 연극 무대의 주인공처럼 유물에 스포트라이트를 비추면 그 유물은 반짝거린다. 좋아하는 문장에 밑줄 긋고 형광펜까지 칠한 것 같다. 그러나 강렬한 효과만큼 눈의 피로도가 높고 어깨가 넓은 도자기 같은 유물은 아래 부분에 그림자가 생긴다. 형광등 같은 조명은 반대다. 전체적으로 비춰 극적인 연출 효과는 떨어지고 유물을 평범하게 만든다. 그러나 유물이 잘 보이고 눈의 피로가 훨씬 적다. 조명은 주관적이다. 조명에 따라 달라 보이는 건 사람이나 유물이나 마찬가지다.

지금까지 이 글을 꼼꼼하게 읽었다면 변화가 생긴다. 박물관 전시실에 갔을 때 설명판을 읽고 조명을 살펴보고 진열장 안의 장치들을 눈여겨본다. 전시실이 가까워진다는 신호다.

10
박물관은 작명소

태명을 뭐라고 불렀든 태어난 아이의 출생신고를 할 때 평생 함께할
이름을 새로 짓는다. 더불어 출생 일시와 장소도 신고한다. 출생신고를
마쳐야 국민으로 인정하는 주민등록번호가 나온다. 유물도 사람과
비슷하다. 박물관으로 오면 새로운 이름, 즉 박물관의 이름 짓는 방식에
따라 공식적인 이름과 일련번호를 받는다. 일련번호는 박물관의 자체 분류
기준에 따르는데, 유물의 나이와는 아무런 관련이 없고 박물관에 들어온
순서이다. 이 일련번호는 사람의 주민등록번호처럼 고유한 번호이다.
사람들은 주민등록증을 가지고 다니지만, 유물은 아예 자기 몸에 유물
번호를 지닌다. 일종의 문신이다. 박물관에서 했던 업무 가운데 하나가

새로 들어온 유물에 유물 번호를
써넣는 일이었다. 유물의 몸에 이
번호가 있어야 정확히 구분할 수 있다.

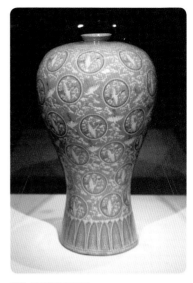

그런데 유물이 세트로 구성되었을
경우에는 어떻게 번호를 부여할까?
만약 세 점이 한 세트로 이루어졌다면
첫 번째는 OOOO(3-1)로 표시하고,
나머지도 같은 방식으로 번호를
부여한다. 박물관 전시실에서 우연히
유물의 뒷면이나 모서리에 적힌 숫자를
보았다면 그게 바로 유물 번호다.

청자 상감운학문 매병

　박물관에서 유물의 이름을 지을 때는 유물을 드러낼 수 있는 정보를
중요하게 생각한다. '청자 상감운학문 매병(靑磁象嵌雲鶴文梅甁, 국보 68호)'을
예로 들면 이렇다. 청자는 도자기의 종류, 상감은 문양의 기법, 운학문은
주요 문양인 구름과 학, 매병은 그릇의 종류다. 이 내용을 만족시키는
유물은 이름이 똑같다. 이름을 지을 때는 사람 이름과 달리 가치 판단이
들어가는 단어를 사용하지 않고 누구나 인정하는 객관적인 단어를
사용한다. 예외가 있다면 백자 달항아리나 일부 그림 정도다. 달항아리는
생긴 모습이 달과 비슷해서 붙은 이름이다. 그런데 한문으로 표기할 때
백자월형호(白磁月形壺)라고 하지 않고 백자호(白磁壺)라고 쓴다.

유물의 이름 짓기는 늘 신중해야 한다. 사람도 이름을 바꾸려면 까다롭듯 유물도 이름을 바꾸는 것이 쉽지 않다. 유물의 용도나 무늬의 내용, 재질이 새로 밝혀지거나 관람객이 유물의 이름을 암호처럼 어렵게 느낄 때 이름을 다시 검토한다. 그러나 관람객이 쉽게 이해할 수 있게 바꾸더라도 그건 전시실의 이름표에 한정되고 공식적인 이름은 대부분 그대로다.

관람객이 유물의 이름을 보고 갸우뚱거리는 경우가 종종 생긴다. '조합식 우각형파수부 호', '무구정광 대다라니경(국보 126호)', '천상열차분야지도 각석(국보 228호)', '혼일강리역대국도지도'와 같은 이름이 대표적이다. '조합식 우각형파수부 호(組合式牛角形把手附壺)'를 풀어 쓰면 소뿔 모양의 손잡이가 달린 항아리라는 뜻이다. 나머지 셋은 유물 자체에 있는 이름을 그대로 붙인 것인데, 어렵기는 마찬가지다. '혼일강리역대국도지도(混壹疆理歷代國都之圖)'를 풀어쓰면 이렇다. '혼일'은 하나로 어우러졌다, '강리'는 땅, '역대국도'는 대대로 이어 내려온 여러 나라들의 수도, '지도'는 그림이라는 뜻이다. 이름의 뜻을 알고 나면 이 지도가 다르게 보인다. 지도에 찍힌 붉은색 점들이 단지 점이 아니라 옛 수도를 표시한 점들로 인식된다. 이러한 문제 때문에 국립중앙박물관에서는 관람객이 쉽게 알 수 있도록 일부 유물의 이름을 한글로 풀어 썼다. 예를 들어 '도기 기마인물형 명기'는 '말 탄 사람 토기'라고 표기했다.

혼일강리역대국도지도(복제)

　간혹 사람들은 유물의 이름보다 이름표에도 없는 별명에 더
솔깃해한다. 국립경주박물관에 들어서면 첫눈에 보이는 유물이
'성덕대왕신종(국보 29호)'이다. 그런데 성덕대왕신종이라고 하면
갸우뚱거리는 사람들에게 에밀레종이라고 하면 대개 고개를
끄덕거린다. 사람들에게 이 유물은 비극적인 설화가 얽힌 에밀레종이지

무미건조한 성덕대왕신종이 아니다. 이 때문에 이 종의 공식적인 이름이 성덕대왕신종이고 유물 앞 이름표에도 이 이름이 적혀있지만 사람들은 이 종을 너나 할 것 없이 에밀레종이라고 부른다.

용도를 모르는 유물의 이름 짓기

박물관에서 일하던 어느 날, 아주 낯선 청자를 만났다. 길쭉한 원통형 청자로, 아랫부분에 모자의 챙 같은 받침대가 달렸고 꼭대기에 꽃봉오리가 피어났다. 윗부분 옆쪽에 동그란 구멍이 뚫렸고, 몸통에는 생동감 넘치는 모란이 그려졌다. 두께가 두꺼운 데다 생각보다 무거웠다. 처음 보는 청자였다. 나보다 청자를 훨씬 많이 접한 선배들 역시 낯설어하기는 마찬가지였다. 다른 박물관 사례나 청자 관련 자료들을 샅샅이 살펴봤지만 이런 모양의 청자는 어디에도 소개된 적이 없었다. 세상에 처음 출현한 청자였다.

세상에 알려지지 않은 청자를 보았다는 흥분도 잠시, 고민에 빠졌다. 뭐라고 이름을 지어야 할까. 비슷한 선행 사례가 있다면 이름과 용도를 파악하는 데 도움을 받을 텐데 그럴 수 없었다. 이름을 지으려면 무엇보다 용도를 알아야 했다. 단서는 원통형인데 윗부분이 막혀있고, 윗부분 양쪽에 동그란 구멍이 뚫려있다는 점이었다. 몇 차례 검토와 논의 끝에 굴뚝에서 연기가 나오는 부분인 연가로 판단해 '청자 철화모란당초문 연가(靑磁鐵畵牡丹唐草文煙家)'라고 이름 지었다. 그렇다면 이 유물은 청자로 만든 건축 부재인 셈이었다. 청자로 기와까지 만든 고려 사람들을 보고 놀랐는데 이 유물은 청자 기와의 놀라움을 넘어섰다.

이름을 둘러싼 이 유물의 운명은 이쯤에서 끝나지 않았다. 비슷한 유물을 다시 만났다. 크기, 문양, 생김새가 비슷했지만 한 가지가 달랐다. 이전 유물과 달리 윗부분의 구멍이 세 방향으로 뚫려있었다. 연가라면 구멍을 이렇게 뚫을 이유가 없을 텐데…. 처음부터 용도를 다시 추정해야 했다. 도대체 무엇에 쓰던 청자일까?

해결의 단서는 청자 자체에 있었다. 일단 청자가 보기보다 상당히 무겁다는 점, 아랫부분을 모자챙처럼 만들어 안정감을 높였다는 점, 구멍이 뚫린 높이와 구멍의 크기가 유물마다 비슷하다는 점을 눈여겨보았다. 다른 단서를 얻기 위해 고려시대의 그림을 집중적으로 찾아보았다. 주로 고려의 대표적인 그림인 고려불화와 금과 은으로 불교 경전을 쓰고 그린 사경이었다. 그림 속에서 원통형 기둥이 있는지 집중해서 살펴봤다. 평소에는 보이지 않던 원통형 기둥이 사경에서 보이기 시작했다. 원통형 기둥은 부처가 설법하는 자리를 둘러쌌다. 이 유물은 이렇게 사용했을 가능성이 높아 보였다.

모은 자료를 가지고 다시 회의를 열었다. 이 유물은 난간 기둥으로, 구멍에 기다란 막대기를 끼웠을 거라고 결론 내렸다. 이름도 연가에서 난간 기둥을 뜻하는 난주(欄柱)를 넣어 '청자 철화모란당초문 난주'로 바꾸었다.

호림박물관 철화청자 특별전에 전시된 난주

이 난주는 고려시대 유물이지만, 이것과 비슷한 기능과 모양을 한 물건을 지금도 주변 곳곳에서 만난다. 공항이나 철도역 발권 창구 앞에 놓인 개폐식 안전벨트 기둥이 그렇다. 난주와 더욱 비슷한 건 공사 현장이나 도로에서 만난다. 커다란 고깔 모양으로 생긴 라바콘이다. 바닥 아래쪽이 넓적하고 위로 갈수록 좁아지는 것과 윗부분에 구멍이 뚫린 모습이 딱 닮았다. 라바콘이 사람들의 접근을 막는 경계 역할을 하듯 난주는 신성하거나 중요한 공간의 경계를 표시했을 가능성이 높다.

2018년 고려 건국 1100주년을 기념해 국립중앙박물관에서 대규모 특별전인 <대고려 918·2018 그 찬란한 도전>이 열렸다. 이 전시에 고려를 대표하는 청자들이 출품되었다. 그중 한 진열장에는 알듯 모를 듯한 청자들이 모였다. 지인들과 함께 진열장 앞으로 갔을 때였다. 박물관 다닐 때 보던, 호림박물관 소장 청자 장구와 난주가 다른 청자들과 함께 진열장을 꾸몄다. 반가운 유물들이 전시되어 가만히 있을 수가 없었다.

"저 청자는 장구죠. 이 장구는 상감 기법으로 만들었지만 이런 경우는 드물고 철분이 많이 들어간 물감으로 그림을 그린 철화 청자 장구가 많습니다. 특별히 다례 때 사용했을 가능성이 있습니다."

박물관에서 처음 청자 장구를 봤을 때, 장구라고 생각하면서도 설마 이걸로 연주할 수 있었을까 의심했다. 도자기로 장구를 만들 거라 생각해 본 적도 없던 데다 도자기 장구를 치는 모습도 본 적 없었다. 도자기

대고려 특별전에 전시된 각종 청자들

장구를 치는 영상을 본 뒤에야 그랬겠구나 싶었다. 청자 장구를 여러 점 본 나도 미심쩍었는데 그 전시에서 장구를 처음 본 사람들이 설마라는 표정을 짓는 건 당연했다. 다음은 난주 차례였다.

"난주라고 부르는 보기 드문 청자입니다. 특별한 곳의 경계를 표시했을 가능성이 높습니다. 지금 전하는 유물 가운데 용도를 아는 것도 많지만 알 수 없는 것도 있습니다. 시간이 지나면서 생활 방식이 달라져서겠죠. 그리고 그 당시에 뭐라고 불렀는지 모르는 게 많습니다. 유물에는 풀어야 할 비밀이 적지 않죠."

이제 난주가 이 청자를 부르는 공식적인 이름이 되었다. 언젠가 다른 용도가 확증된다면 다시 이름이 바뀌겠지만.

11
움직이는 유물들

유물도 사람처럼 움직인다. 집을 나와 학교를 가고 직장으로 출근하는
사람처럼, 유물도 수장고를 나와 전시실도 가고 연구실도 간다.
전시실에서는 관람객과 만나고 연구실에서는 연구자에게 속 깊은
이야기를 들려준다. 그뿐만이 아니다. 때로는 여행도 떠난다. 가까운
거리는 물론이고 열몇 시간의 비행도 마다하지 않는다. 차 조심, 길 조심은
사람과 마찬가지다. 혹시 몰라 여행을 떠나기 전, 보험도 꼭 든다.

유물이 움직일 때는 무엇보다 안전이 중요하다. 눈에 보이는 위험뿐만
아니라 혹시 모를 위험에도 대비해야 한다. 그래서 이동하기 전에
꼼꼼하게 포장한다. 유물을 포장할 때면 늘 조심스럽다. 먼저 유물에

영향을 주지 않는 얇은 중성지로 옷을 입히고 그 위를 겨울 누비 같은 솜포대기로 감싸 혹시 모를 충격에 대비한다. 기본적으로 이렇다는 거지, 사람마다 옷 입는 개성이 다르듯 유물마다 포장 방식도 다 다르다. 기본 포장으로 만족하는 책 같은 수더분한 유물이 있는 반면 신라 금관처럼 하나하나 신경을 써야 하는 까다로운 유물도 있다. 포장이 끝난 유물을 습기와 병충해에 강한 오동나무 상자 안에 넣고, 빈 공간을 솜포대기로 채우면 일단 한숨을 돌린다.

혹 유물이 다른 박물관이나 외국으로 갈 때는 특별한 장치가 필요하다. 유물 상자를 알루미늄이나 나무로 만든 크고 튼튼한 상자 안에 넣고, 차량 진동이 유물에 전해지지 않는 무진동차량을 이용해 운반한다.

2001년 호림박물관에서 열린 <한국 토기의 아름다움> 특별전 때 외부 기관에서 유물을 대여했다. 박물관으로 유물 상자들이 속속 들어오는데, 그 가운데 국립중앙박물관에 있는 '기마인물형 토기'가 있었다. '기마인물형 토기라니!' 눈앞에서 인기 연예인을 보는 기분이었다. 조심스레 상자를 열고 포장을 푼 다음, 천천히 이상이 없는지 점검을 마치고 나서야 비로소 안도의 한숨을 내쉬었다. 지금도 국립중앙박물관 전시실에서 이 작품을 볼 때면 그때의 긴장감이 떠오른다.

때로는 유물을 다른 박물관에 대여하기도 한다. 일본 시가현 모리야마시 비와코 호수 옆에는 사가와 택배회사가 세운 사가와미술관이 자리 잡았다. 인공 호수 위의 미술관으로 유명한 그곳에서 2006년 봄,

박물관 단독 <湖林博物館 所藏 李朝陶磁の名品(호림박물관 소장 조선 도자의

명품)> 특별전이 열렸다. 단독 전시인 만큼 호림박물관에 있는 조선시대

대표 백자와 분청사기 120점을 출품했다. 120점은 결코 적지 않은 양이다.

　전시를 앞두고 사가와 택배회사의 미술품 운송팀이 포장과 운반을 위해

우리나라로 왔다. 수장고에서 일본 측 담당자와 함께 한 점 한 점 유물의

상태를 점검하고 확인한 뒤 포장했다. 포장한 유물은 일본 측에서 준비한

유물 상자에 넣었다. 이 상자를 다시 큰 상자에 차곡차곡 넣고, 큰 상자의

사가와미술관 특별전 도록과 전시 모습

남은 공간은 완충재로 채웠다. 이렇게 확인하고 포장하는 데만 며칠이

걸렸다. 유물의 포장이 끝난 뒤 유물과 같은 비행기를 타고 일본으로 갔다.

그리고 이 유물들과 함께 전시가 열리는 사가와미술관으로 이동했다.

　그곳에서는 포장할 때와 반대 작업을 진행했다. 이때가 가장 긴장되는

순간이다. 이동하면서 유물에 이상이 생기지 않았는지 일본 측 담당자와 함께 이리저리 돌려가며 확인했다. 마지막 유물의 상태를 확인하고 이상이 없다는 마지막 서명을 했다. 그제야 봄날 비와코 호수에 흩날리는 벚꽃이 눈에 들어왔다.

유물의 이동도 유물의 역사

우리나라 역사상 가장 규모가 컸던 유물의 이동은 2004년 국립중앙박물관 이사 때였다. 박물관이 이사할 때 이동하는 유물의 규모는 상상을 초월한다. 서울 용산에 새로운 박물관 건물이 세워지면서 유물도 이사를 갔다. 옮겨야 할 유물이 무려 10만 점에 가까웠다. 가정집도 이사하려면 정신이 없는데 이 정도 수량을 옮기는 일은 쉽게 가늠이 되지 않는다. 게다가 보통 이삿짐과 달리 모든 유물은 안전하게 포장되어 운반된다. 책처럼 비교적 옮기기 쉬운 유물도 있지만 흔히 광주 철불이라 부르는 '하남 하사창동 철조 석가여래 좌상(보물 332호)' 같은 슈퍼헤비급 유물도 있다.

사람들의 관심과 우려를 알기라도 한듯 국립중앙박물관에서는 유물을 운반하는 첫날, 유물을 포장하고 운반하는 과정을 공개했다. 이 자리에 대표로 등장한 유물은 국립중앙박물관의 대표 유물이자 우리나라 대표 유물인 국보 78호 금동 반가사유상이었다. 포장을 마친 반가사유상은 360도 회전을 해도 안전했다. 포장된 유물을 실은 차량에는 박물관 직원과 무장한 호송원이 타고 앞뒤로 경찰차가 호송했다. 운송 시간은 매일 바뀌었다. 영화에서나 볼 수 있는 장면이었다. 4월 19일에 시작된 유물 운송은 12월 24일에 마무리되었다. 야외 석조물들은 다음 해인 2005년 3월부터 7월까지 운송했다. 국립중앙박물관은 개관 이래 몇 차례 이사를 다녀 유물 포장 실력은 국립중앙박물관이 세계 최고일 거라고 생각했다.

당시 운송 과정에서 가장 주목을 받은 유물은 '철조 석가여래 좌상'이었다. 높이가 무려 281센티미터에 무게가 6.2톤에 달하는, 실내에

철조 석가여래 좌상

있는 유물 가운데 가장 큰 유물이었다. 출입문이나 엘리베이터를 이용할
수 없어 수장고의 천장을 뚫고 유물이 든 상자를 크레인으로 들어 올려야
했다. 철불을 옮기기 전에 유물과 같은 무게의 돌을 넣은 나무 상자를
크레인으로 들어 올리고 이송하는 예행연습을 했다. 1911년 광주의
절터에서 이왕가박물관으로 자리를 옮긴 이 철불은 벽을 뚫어 이동해야

천장을 뚫고 옮기는 철조 석가여래 좌상

하는 고단한 역사를 용산에서 마쳤다.

　그러나 석가여래도 '이 유물'에 비하면 그나마 나은 편이다. 그 어떤 유물보다 힘든 세월을 겪은 이 유물은 바로 국립중앙박물관 1층, 긴 복도 끝에서 당당하게 서있는 '개성 경천사지 십층석탑(국보 86호)'이다. 높이가 무려 13.5미터라 고개를 한껏 들어올려야 꼭대기를 볼 수 있을 정도이고, 각 층마다 불교 조각이 빼곡하다.

　국립중앙박물관 최고의 포토존인 이 탑을 조금만 눈여겨보면 이상한 점이 보이기 시작한다. 탑은 보통 야외에 있는데 이 탑은 어쩌자고 실내에 있을까? 왜 새로 수리했을까?

　이 탑의 고향은 당연히 국립중앙박물관이 아니다. 고려의 수도 개성의 남쪽, 부소산 자락에 있던 경천사라는 절이다. 세밀하게 조각된 이 탑은 고려와 원나라의 특수한 관계 속에서 탄생했다. 고려 사람으로 원나라에 가서 크게 출세한 강융과 고용봉은 원나라 장인들을 고려로 데려와 원나라와 고려의 스타일을 합쳐 복잡하고 화려한 탑을 만들었다. 그들은 탑 1층 남쪽 면에 "황제 폐하 만만세"라고 새겼다. 여기서 황제는 고려가 아니라 원나라 황제다.

　그 뒤 절은 사라졌고, 대리석으로 만든 이 탑을 갈아먹으면 병이 낫는다고 해서 수난을 당하기는 했지만 그런대로 세월을 견뎌내던 탑이 그만 일본인의 마수에 걸려들었다. 일본의 제실박물관을 담당하던 궁내부 대신 다나카는 아름답다는 이 탑의 명성을 듣고 벼르던 중 1907년

순종의 가례에 참석했을 때 일을 벌이고 말았다. 곤도라는 골동품상을 앞세워 고종이 선물로 주었다는 거짓말로 탑을 뜯어냈다. 개성 주민들이 그들을 가로막았지만 그들은 무장병력으로 위협하며 약탈을 강행했다. 가뜩이나 약한 재질인 대리석이 무리한 해체를 견디며 무사히 일본까지 갔을 것이라고 생각하기 어렵다. 그 탑은 동경에 있는 제실박물관으로 옮겨졌다. 그러나 이 탑은 포장을 풀지도 못했다.

'경천사지 십층석탑 약탈 사건'은 소리 없이 묻히지 않았다. 국내외 신문에 비판 기사가 실렸다. 특히 두 명의 외국인이 지속적으로 폭로하면서 국제사회에도 알려졌다. 어네스트 베셀과 호머 헐버트가 그들이다. 하지만 다나카는 초대 조선총독 데라우치가 조선으로 돌려보내라고 했을 때도 꿈쩍하지 않았다. 다행히 비판 여론이 지속적인 영향을 미쳤다. 나중에 데라우치가 일본 수상이 되고 2대 총독인 하세가와까지 반환하라고 나서자 그제야 어쩔 수 없이 조선으로 돌려보냈다. 당시 총독들은 조선과 국제사회의 여론을 의식하지 않을 수 없었고 이제 조선의 재산이 일본의 재산이 된 마당에 이왕이면 이 탑이 원래 자리에 있는 게 좋다고 판단했다.

1918년, 11년에 걸친 타향살이를 끝내고 조선으로 돌아온 경천사지 십층석탑은 고향으로 돌아갈 수 없었다. 너무 많은 상처를 입은 탓에 도저히 다시 세울 수가 없어 경복궁 근정전 회랑에 방치되고 말았다. 고향은 고사하고 온전한 자기 모습조차 잃어버린 채 수십 년이 흘렀다.

이 탑이 세상에 다시 모습을 드러낸 건 1960년이었다. 국립박물관(현 국립중앙박물관)이 주도해 경복궁에 이 탑을 세운 것이다. 비록 고향은 아니었지만 많은 사람이 찾는 경복궁에서 당당한 모습을 자랑하던 시간도 그나마 길지 않았다. 서울 한복판에서 대리석으로 만들어진 탑은 버티기에 어려움이 많았다. 산성비에 독성이 강하다고 소문난 비둘기 똥까지 더해졌다. 더 이상 버티기 힘들어진 상황에 이르러 종합 진단을 받아야 했다. 진단 결과는 해체 및 복원 처리였다.

1995년 중환자실(국립문화재연구소)에 입원해 퇴원할 때까지 꼬박 10년이 걸렸다. 약해진 탑의 부재들을 튼튼해지게 처리하고(경화 처리), 손상이 심해 더 이상 사용할 수 없는 부재는 새것으로 바꾸고, 심한 오염으로 변색된 부분은 레이저로 제거했다. 오랜 노력 끝에 원 상태까지는 아니지만 다시 설 수 있는 상태로 호전되었다.

이제 이 탑을 어디에 세울 것인가? 마침 새로 개관하는 국립중앙박물관 실내에 세우기로 결정했다. 실내가 넓고 높아 거인 같은 이 탑을 세우기 충분한 데다 수많은 관람객으로 북적거릴 장소였다. 2005년 4월, 새로운 보금자리에 다시 탑을 세우기 시작했다. 모두 142개의 부재를 5개월 동안 차근차근 쌓아나갔고 드디어 제 모습을 드러냈다. '경천사지 십층석탑'이 새로 탄생한 순간이며 1907년부터 시작된 오랜 유랑의 마침표를 찍는 순간이었다.

유물의 이동 역시 유물의 역사다. 사람이 그렇듯이.

새로운 보금자리인 국립중앙박물관에 서있는 경천사지 십층석탑

12 전시실 여행 준비물

나는 전시실로 여행을 간다. 여행이라니! 한창 몽골에 빠져 해마다 몽골에 다닐 때 지인들은 물었다. 몽골이 뭐가 그렇게 좋냐고. 드넓은 초원, 끝없는 하늘, 밤하늘의 별이 좋다고는 했지만 몽골의 매력을 제대로 표현할 적당한 문장을 찾지 못해 가보면 안다는 말로 대신했다. 전시실로 어떻게 여행을 가냐고 물으면 "뭐, 여행이 별건가. 호기심과 설렘으로 집 떠나 낯선 곳으로 가서 새로운 걸 만나는 게 여행이지. 그럼 전시를 보러 가는 일도 여행이다." 이렇게 답을 하겠다.

전시실로 여행을 간다는 건 작품을 만나는 것이다. 여행에서 만나는 진짜 작품은 전시된 작품뿐만 아니라 전시 그 자체이기도 하다. 좋은 작품을 만날 때처럼 좋은 전시를 보면 마음이 편안하고 기쁘다. 복잡하고 소란스러운 마음이 가라앉는다. 그러다 보면 어느새 오롯이 전시에 집중한다. 낯설거나 새로운 전시를 만나면 나도 모르게 흥분한다. 전시라는 작품 속을 걷다 보면 산책할 때처럼 불쑥불쑥 귀중한 영감이 떠오른다.

이린지런 이유로 전시실 여행을 가지만 중요한 이유는 따로 있다. 가끔 전시실에서 강렬한 존재감을 경험하기 때문이다. 전시실을 걷다 문득 내가 여기 있다는 사실이 경이롭게 느껴진다. 몽골로 처음 여행 갔을 때 끝없는 초원을 맞닥뜨리며 느낀 감정과 비슷하다. 모든 것이 멈춰버린 적막한 공간에 혼자 있는 것 같고, 스쿠버다이버가 바닷속을 유영하는 것 같다. 모든 것이 조화롭고 충만한, 소곤거리는 듯 고요하다. 이 순간이 언제 어떻게 올지 예측하기 어렵지만 꼭 온다. 전시실로 여행을 떠날 때면 숨소리마저 일시정지하는 그 순간을 기대한다.

전시실로 여행을 갈 때도 준비물이 필요하다. 여행을 가기 전 여행 지역의 대략적인 정보와 여행지 지도, 꼭 가봐야 할 곳을 미리 찾아보고 확인하는 것과 비슷하다. 먼저 전시실 여행을 가기 전에 전시 정보를 찾아본다. 전시 정보는 해당 박물관이나 미술관의 홈페이지에 잘 실려있다. 전시의 주제, 기획 의도, 전시실의 구성, 주요 출품 유물을 확인한다. 자료들 가운데 전시 공간이 어떻게 배치되었는지 알려주는 그림이나 도면을 만나면 더 반갑다. 배치도를 따라 머릿속으로 전시

배치를 상상하다 보면 더 설레고 한편으로는 호기심이 생긴다. 미리 여행할 지역의 코스를 상상할 때 느끼는 기대감이랄까.

드디어 박물관 전시실에 도착한다. 늘 열리는 상설전시든 특별한 기간만 여는 특별전이든 처음 보는 전시는 3단계로 본다.

처음 볼 때는 빠른 속도로 걷는다. 설명글을 읽지 않고 출품된 유물도 자세히 보지 않는다. 전체적인 느낌을 스케치하듯 본다. 공간이 어떻게 구성되었는지, 전시가 어떤 흐름인지 대략 파악한다. 이때 동선이라는 물결을 따라 전시라는 작품 속을 배를 타고 유람하는 기분이다. 전시에 대한 대략적인 이미지는 이때 만들어진다. 전시의 마지막 부분까지 보고 나면 머릿속으로 대략적인 평가를 내린다. 오길 잘했다 또는 기대보다 별로인데 같은. 그리고 얼마나 꼼꼼히 봐야 할지도 결정한다. 전시의 범위가 넓은 데다 신경 써 봐야 할 전시라고 결정하면 몸이 그 시간의 길이에 맞게 바뀐다.

두 번째 볼 때는 마음의 준비를 하는 것부터 시작한다. 전시의 규모가 크고 자세히 살펴야 할 유물이 많으면 단단히 마음을 먹는다. 본격적으로 전시를 탐색하고 개별 요소들을 집중적으로 분석한다. 전시 주제는 어떻게 구성했나, 진열장의 유물은 어떻게 배치했나. 전시실의 주요 색은 무엇인가, 조명은 적절한가, 동선은 어떻게 구성했나. 또 관람객의 눈길을 휘어잡는 전시 요소는 무엇인가, 새로운 전시 기법은 무엇인가, 설명글은 잘 읽히는가. 관람객과 어떤 지점에서 소통하고 있는가, 전체적인 조화는 잘 이루어졌는가, 다시 오고 싶은가, 주목할 만한 유물은 무엇인가. 각 요소를 머릿속에 넣고 전시실을 살펴보다 보면 시간이 훌쩍 지난다.

세 번째는 결실을 거두는 마음으로 설렁설렁 본다. 처음 볼 때의 낯선 설렘이나 두 번째 봤을 때의 꼼꼼함 대신 마음 가는 대로 발걸음 가는 대로 걷다 마음을 끄는 유물, 공간, 전시 기법, 설명글이 보이면 그 앞에 서서 음미하듯 살펴본다. 때로는 전체적인 전시실 분위기를 살펴본다. 첫 단계에서는 설렘이, 두 번째 단계는 구조를 파악하는 즐거움이 있다면 세 번째 단계에서는 깊이 들어가는 몰입감을 경험한다. 탄탄한 기획과 신선한 전시일수록 몰입하는 횟수도 많아지고 시간도 늘어난다.

때로는 세 번에 그치지 않고 몇 번을 더 둘러보기도 한다. 특히 다시 찾기 어려운 전시일수록 이런 일이 많다. 책도 한 번 읽을 때와 두 번 읽을 때가 다르듯이 전시도 한 번 볼 때와 두 번 볼 때가 다르다. 특히

고령 지산동 고분군

보는 횟수가 늘어날수록 어디 숨어있었는지 보이지 않던 유물이 하나둘
나타난다. 분명히 눈으로는 보았지만 기억되지 않고 스친 유물이다.
놀라운 유물을 찾았을 때는 다시 보기를 잘했다고 안도한다.

　박물관 중에는 지역의 역사를 기반으로 한 곳이 제법 많다. 이런 지역
박물관은 역사적인 유적지나 그 근처에 세워졌다. 전시를 다 봐도 끝난 게
아니다. 박물관 옆에 있는 역사 현장을 살펴볼 때 비로소 전시가 끝난다.
박물관 전시는 해당 주제를 체계적으로 이해하기 좋고, 역사 현장은
공간을 인식하는 데 알맞다. 박물관 전시에서는 실제 공간의 느낌을
담기 힘들다. 현장을 보면 상상력이 확장되고 전시실 속 유물이 다양한
각도로 보인다. 한성백제박물관과 바로 이어진 서울 몽촌토성(사적 297호)과
서울 풍납동 토성(사적 11호), 복천박물관과 부산 복천동 고분군(사적 273호),
국립김해박물관과 김해 대성동 고분군(사적 341호), 대가야박물관과 고령

함안 말이산 고분군

지산동 고분군(사적 79호)이 대표적이다.

경상남도 함안에 있는 함안박물관을 방문했을 때였다. 함안박물관 전시실을 둘러봤을 때는 함안을 무대로 존재했던 아라가야가 잘 보이지 않았다. 그저 불꽃모양의 예쁜 구멍이 뚫린 개성적인 토기를 만든 나라일 뿐이었다. 박물관 전시실을 돌아본 뒤 함안 말이산 고분군(사적 515호)을 걷기 시작했다. 나지막한 구릉을 따라 무덤들이 줄지어 늘어섰다. 예사롭지 않은 무덤들이 끝없이 이어졌다. 작은 언덕만 한 무덤도 있었다. 고분들 옆을 걸을수록 아라가야가 만만치 않은 나라였다는 점이 분명해졌다. 전시실 속 유물들이 다시 보였다.

전시는 박물관과 관람객의 상호 교신

전시가 마음에 들면 다시 찾아간다. 갈 때마다 전시가 조금씩 달라 보이는 느낌도 좋고, 무심코 지나쳤던 유물을 발견하는 즐거움도 좋다. 그중에서도 전시를 보는 나의 눈이 바뀔 때 즐거움이 크다. 그리고 관람객들이 전시를 어떻고 보고 어떤 평가를 내리는지 살펴볼 여유가 생긴다. 전시를 보고 있는 사람들의 풍경을 만날 때 전시가 살아있는 작품으로 다가온다. 전시는 박물관의 일방적인 발신이 아니라 상호 교신이다.

마음에 드는 전시를 만나면 새로운 실험을 계획한다. 이 전시를 소개하는 글은 어떻게 쓸까, 꼭 봐야 할 유물과 공간은 무엇이 있을까,

놓치지 말아야 할 포인트는 뭘까, 연령에 따라 어떤 동선을 만들면 좋을까 등을 고민한다. 나만의 새로운 전시를 준비하는 기분이다. 계획안을 바탕으로 전시 가이드북을 만들고 지인들과 함께 전시를 다시 보러 가기도 한다. 지인들에게 가이드북은 안도감을 주는 안정제 같다.

2018년 <대고려 918·2018 그 찬란한 도전> 특별전 전시 모습

2018년, 고려 건국 1100주년을 맞아 국립박물관들을 중심으로 여러 전시가 열렸다. 국립중앙박물관에서 열린 <대고려 918·2018 그 찬란한 도전>은 가장 규모가 컸다. 뛰어난 유물이 대거 출품되었고, 전시 주제나

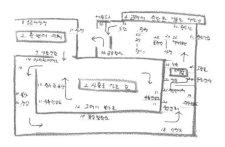

대고려전 가이드북(부분)

공간 구성도 뛰어났다. 여러 번 전시를 보면서 가이드북을 만들고 여러 그룹의 지인들과 전시를 둘러봤다. 그들의 전시 평가를 떠나 이런 자리를 마련했다는 자체가 기뻤고 또 여럿이 전시를 볼 때는 혼자일 때 미처 보지 못한 면들을 볼 수 있어서 좋았다.

때로는 특별한 전시를 마주할 때가 있다. 2018년 제주 4·3 70주년을 맞아 여러 곳에서 열린 특별전과 2019년 3·1운동 100주년을 맞아 열린 3·1 운동 특별전, 2020년 한국전쟁 발발 70년을 맞아 열린 특별전이 그렇다. 이때가 좋은 기회다. 박물관마다 그동안 연구 성과를 바탕으로 새롭게 해석하려고 노력하고 다른 박물관을 의식해 더욱 신경을 써서 전시를 준비한다. 다양한 주제 의식, 전시 구성을 살펴볼 수 있는 놓칠 수 없는 기회다.

2019년은 3·1 운동 100주년이 되는 해였다. 전국의 박물관과 기념관에서 3·1 운동 특별전이 열렸다. 서울에서는 중요한 전시를 여는 박물관이 서로 가까운 거리에 있었다. 새로운 계획이 떠올랐다.

'여러 사람이 모여 하루에 둘러보고 의견을 나누자!'

학예사, 전시기획자, 교사, 출판 편집자, 역사책 편집자가 모여 서대문형무소 역사관 특별전을 시작으로 서울도시건축센터로, 서울역사박물관으로 해서 대한민국역사박물관까지 일정을 함께했다. 아침부터 시작한 전시 여행은 저녁이 되어 끝났다. 관람 일정을 끝내고 전시 품평을 열었다. 박물관마다 전시의 주제를 어떻게 잡았는지,

전시실의 분위기는 어떤지, 박물관의 특성이 어떻게 전시에 반영되는지 한눈에 비교되었다.

전시실 여행은 목적지를 고민하는 순간부터 시작된다. 자료를 살펴보고 준비한다. 가까운 곳이든 먼 곳이든 그곳으로 가기 위해 집을 떠나는 순간, 일상의 공간을 벗어나는 그 순간부터 본격적인 여행이다. 전시실에서는 몸의 감각을 활짝 열어 전시를 만난다. 전시실을 떠나 집으로 돌아와 자료를 살펴보고 감상을 적고 일단 마무리한다. 다시 그곳이 떠오르면 다시 그곳으로 간다. 가끔 미루기도 하는데, 그사이 특별전이 끝나버린다. 다시는 여행할 수 없는 곳이 종종 생긴다.

13
박물관에 가는 사람들

사람마다 박물관에서 느끼는 매력이 다르다. 질서정연한 전시실과
제자리에 놓인 유물에 반해 박물관에 가는가 하면, 우연히 들른
박물관에서 생각지 않은 유물 한 점에 마음을 빼앗겨 박물관 마니아가
되기도 한다. 박물관에서 만난 해설사의 솔깃한 전시 설명에 푹 빠져서,
또 어떤 작품에서 위로를 받은 뒤부터 박물관을 자주 가는 사람도 만났다.
처음에는 아이들 교육 때문에 어쩔 수 없이 박물관에 갔다가 본인이
박물관에 빠지기도 한다. 언제 어떻게 박물관과 만날지 아무도 모른다.
이유는 여러 가지지만 한번 맛을 들이면 두 번 가고 세 번 간다. 박물관
관람이 취미인 사람들은 마음이 심란할 때나 기분을 바꾸고 싶을 때

박물관을 어슬렁거린다.

내가 박물관을 좋아한 건 박물관에서 일하면서부터다. 공부할 때에도 박물관에 가기는 했지만 박물관보다 야외에 있는 유적과 유물이 훨씬 좋았다. 야외에 비하면 박물관은 좁고 어둡고 답답했고, 사진도 마음대로 찍을 수 없었다(지금은 대부분 박물관에서 플래시를 끄고 촬영이 가능하다). 그러다 박물관에 다니면서 유물을 보는 기회가 늘어났고, 여러 전시를 준비하면서 박물관이 새롭게 다가왔다. 특히 새 전시를 시작한 뒤 찾아오는 관람객들에게 전시에 관해 설명할 때면 절로 신이 났다. 계속 유물을 보다 보니 같은 유물이라도 볼 때마다 달랐고, 때로는 유물이 말을 건네는 느낌까지 들었다. 그러면서 박물관의 매력을 알았다.

박물관을 그만두고 한동안 아이를 키웠다. 아이를 키우다 보면 아이와 함께 이곳저곳 다니기 마련이다. 처음 아이와 간 박물관은 국립중앙박물관이었다. 아기띠에 아이를 안고 여러 유물을 본 기억이 생생하다. 그때 얼마나 기분이 좋던지. 유모차를 끌고 박물관에 온 엄마들이 달리 보였던 것도 그때였다. 예전이라면 그냥 지나쳤을 텐데 상황이 바뀌다 보니 이해가 되었다. '저 엄마들도 한숨 돌리러 왔구나.' 웬일인지 마음 한구석이 짠했다.

다양한 사람들과 박물관에서 이야기를 나누는 일은 특히 재미있다. 아이와 갈 때는 아이의 눈높이를 맞춰 이야기하는 일이, 가족과 같이 갈 때는 같이 간다는 자체가, 박물관과 역사에 관심 있는 지인들과 갈 때는 서로 의견을 나누는 일이, 교사 연수를 진행할 때는 교사들의 진지한 열정과 만나는 일이, 맡은 일 때문에 유물과 전시실과 관람객을 관찰하고 분석할 때도 재미있다. 그래서인지 몰라도 박물관에서는 하루 종일 있어도 지치는 줄 모른다.

사실은 그중에서도 혼자 갈 때가 제일 즐겁다. 전시실에서 혼자 어슬렁거리며 전시를 보는 맛이 그만이다. 누가 뭐라고 하는 사람도 없고 보고 싶은 것을 보고 싶을 때까지 보고 머물고 싶을 때까지 머문다. 어떤 날은 아침에 가서 어슬렁거리다 보면 저녁이 된다. 박물관에 있다 보면 종종 설렁설렁 박물관을 둘러보는 사람들을 만난다. 이 사람들을 보면 왠지 모를 동지감이 느껴진다. 이 사람들도 박물관에서 문화유산과 역사를 배운다는 거창한 이유 이전에 박물관에 가는 일이 그저 기쁘기 때문일 거다. 새로 열리는 전시를 설레어하며 기다리고, 고요한 전시실에 있을 때, 새로운 유물을 볼 때, 같은 유물에서 새로운 걸 찾을 때, 몰랐던 사실을 알 때 뿌듯하고 즐겁기 때문일 것이다.

어쩌다 박물관에 간 지인이 "박물관에 있는 유물에게 위안을 받을 줄 몰랐어요."라고 말하며 이런 경우는 지금까지 한 번도 없었다고 했다. 꼭 박물관에서 거창한 걸 배워야 한다고 생각하지 않는다. 아는 만큼 보인다는 말도 중요하지만 뭘 알고 배우기 전에 그저 바라보고 느끼는 일도 중요하다. 유물들은 사람의 감정과 상상력에 큰 영향을 준다. 이 유물들에게 다가가기 위해서는 발걸음도, 지식에 대한 욕구도 잠시 멈추고

아이를 따라가며 보기

유물이 주는 느낌과
내 마음에서 일어나는
소리에 귀 기울이면
좋다.

아이와 박물관에
같이 갈 때 이런 점을
많이 느낀다. 아이와
박물관에 갈 때는 주도권을 아이에게 주고 아이 뒤를 따라다닌다. 아이가
멈추는 유물 앞에서 같이 멈추고 아이가 소감을 말하면 귀담아듣다가 같이
이야기를 나누었다. 아이에게 가르치고 알려주려는 욕심을 내려놓으려고
했다. 욕심을 줄이자 더 많은 것이 보였고 더 많은 이야기를 나누었다.
어느 날 아이는 국립중앙박물관 3층 전시실을 둘러본 뒤 수첩에 "나 오늘
새로운 경험을 했어."라고 적었다. 나 역시 그날 아이가 보는 눈을 따라
박물관을 보는 새로운 경험을 했다.

유물과 만나는 접속 코드를 만든 사람들
국립중앙박물관 3층에 전시된 국보 금동 반가사유상은 박물관을 찾는
사람이라면 누구나 보고 싶어 하는 유물이다. 그만큼 뛰어난 작품이기
때문인데 이 작품이 그만한 명성을 얻은 데에는 미소가 한몫했다.
사람 마음을 어루만지는 미소가 이 작품을 명작으로 만들었고 지금도

살아있도록 만든 힘이다. 어떤 훌륭한 작품을 보았을 때 사람의 뇌에서 어떤 일이 벌어지는지에 관한 연구가 많이 이루어졌다. 연구의 결과에 기대지 않더라도 반가사유상의 미소처럼 유물에는 사람을 움직이는 힘이 있다고 믿는다. 유물마다 사람들에게 어떤 감정을 불러일으켜 웃게도 하고 슬프게도 하고 조용히 자신을 돌아보게도 한다. 유물에 대한 지식이 많다고 잘 느끼는 건 아니다. 나의 느낌과 감정에 집중할 때 유물과 접속하는 통로가 열린다. 박물관을 좋아하는 사람들은 유물을 만나는 자신만의 접속 코드를 만든 사람들이다.

종종 유물과 내가 강렬한 불꽃을 일으킬 때가 있다. 처음은 대학교 4학년 때였다. 앞으로 어떤 일을 해야할지 고민하느라 안갯속을 헤매는 기분이었다. 그러던 어느 날, 부석사로 여행을 떠났다. 부석사는 그때까지 가장 자주 다닌 절이었지만 답사가 아니라 여행으로 간 건 처음이었다. 저녁 무렵 부석사에 올랐다. 그날따라 무량수전 옆 언덕으로 발걸음을 옮겼다. 그동안 부석사에 올 때마다 봐서 익숙해진 탑(영주 부석사 삼층석탑, 보물 249호)이 그곳에 있었다. 그 탑 앞에 서자 나도 모르게 뜨거운 기운이 몸을 감쌌다. 탑은 아무 말도 하지 않았지만 나는 처음으로 그 탑이 살아있다는, 움직인다는 느낌을 받았다. 내게 가슴 뛰는 일이 무엇인지 분명해졌다.

유물과 접속하는 통로가 활짝 열려 유물이 '훅' 하고 거침없이 밀고 들어오는 그 한순간이 어느 한 사람의 길을 바꾸어 놓기도 한다. 재일교포

영주 부석사 삼층석탑

정조문 선생은 일제강점기 때 어린 나이에 일본으로 건너가 온갖

고생을 하다 빠칭코 사업으로 크게 성공했다. 1955년 선생은 길을 걷다

골동품상에서 우연히 도자기 한 점을 만났다. 조선의 백자 항아리였다.

항아리를 보는 순간 감전된 듯 항아리에 빠져들었다. 그 항아리를 사던 날

항아리를 안고 잔 선생은 그 뒤부터 일본에서 조국의 유물을 찾아다니며

수집했고, 조국의 흔적을 찾아 일본 곳곳을 누볐다. 그리고 1988년 마침내

미술관을 세웠다.

미술관 개관식 때 선생이 말했다.

"백자 달항아리 하나에 매료되어 골동품 가게 앞에 멈추어 선 것이
40년 전의 일입니다. 조국은 해방되었다 하더라도 나는 돌아갈 방법을
모른 채 하루하루를 지냈습니다. 그러나 언젠가는 조국에 간다, 그렇게
굳게 생각하고 있었기에 선물 하나를 마련하겠다고 그 가게에 들른 것이
오늘날까지 이어지는 시작이 되었습니다."

그곳이 고려미술관이다. 선생은 죽기 전
아들에게 "25년 뒤 통일이 될 것이니 그때
모든 유물을 조국에 기증하라."고 유언했다.
정조문 선생에게 백자 항아리는 단지 유물 한
점이 아니었다. 일본에서 경계인으로 살아가던
자신의 정체성을 일깨운 죽비였다.

어떤 순간에, 어떻게 접속하는가에 따라
유물은 다양한 표정을 짓는다.

정조문 선생과 백자 항아리

14 내가 좋아하는 전시실

박물관에 출근해 제일 먼저 하는 일은 전시실 점검이었다. 밤새 전시실이 안녕했는지 구석구석 둘러보았다. 호림박물관 신림본관에서는 1층 고고실부터 시작했는데, 특별전이 열릴 때는 기획전시실까지 살펴보고 2층으로 올라간다. 도자실과 금속공예실을 거쳐 서화·전적실까지 한 바퀴 돌고 나면 향기가 다른 곳을 산책한 기분이 들었다. 주로 토기가 전시된 고고실에서는 진득한 대지의 냄새가 발걸음을 잡고 청자, 분청사기, 백자가 있는 도자실에서는 상큼하고 발랄한 향기가 흐른다. 불상이 있는 금속공예실에서는 묵직한 유물 냄새에 흠칫 놀라고 서화·전적실에서는 그림 사이로 사람 냄새가 솔솔 흘러나온다. 모두 둘러보고 사무실로 돌아올 때면 마음이 고요하고 평화로워졌다.

일터를 옮긴 신사분관에서도 전시실 산책은 이어졌다. 세 개 층으로 이루어진 전시실 가운데 4층 전시실을 가장 먼저 들렸다. 이곳은 박물관이 소장한 도자기 가운데 최고의 유물들만 따로 모은 전시실이었다. 전시실은 밤하늘처럼 어슴푸레했지만 진열장은 환했다. 아침이었지만 반짝이는 별들 속으로 밤 산책을 다녀온 듯했다. 신비하고 경이로웠다. 전시실은 일상 속의 비일상적 공간이었고, 마법처럼 변신하는 공간이었다. 내게 전시실 문은 해리 포터의 킹스크로스역 9와 3/4 승강장이었다.

전쟁과여성인권박물관

국립기상박물관

이후에도 여러 박물관을 살펴보면서 기억에 남는 전시실과 공간이 하나둘 쌓여갔다. 신선한 아이디어가 인상적인 서울역사박물관의 기획전시실, 공간을 알차게 활용한 전쟁과여성인권박물관, 섬세한 전시가 돋보이는 온양민속박물관, 아기자기하고 아름다운 국립기상박물관까지 손가락으로 꼽자면 두 손으로는 어림없다. 규모가 크건 작건 박물관마다

전곡선사박물관

저마다의 빛깔을 드러낸다. 다녀와서도 문득문득 기억을 떠올리며 괜스레 미소 짓는 이유는 두 가지다. 마음을 사로잡은 유물이나 공간 혹은 전시를 보았거나 박물관 사람들의 정성과 관심으로 가꾼 곳을 만나서다.

매력적인 빛깔을 자랑하는 여러 박물관 가운데에서도 경기도 연천에 있는 전곡선사박물관은 특별하게 다가온다. 그곳을 떠올리면 박물관을 둘러싼 풍경이 영상처럼 그려진다. 대중교통으로 가면 간이역인 한탄강역(2019년 4월, 폐역이 되었다)에서 내린다. 왼쪽으로 한탄강이 전설의 역사처럼 굽이쳐 흐르고 주먹도끼가 발견된 너른 대지가 이어진다. 길 끝에 있는 나지막한 숲에 막 착륙한 우주선처럼 반짝이는 전곡선사박물관이 자리 잡았다. 한탄강역 곁 한탄대교에서 바라보는 해지는 저녁 풍경도 빼놓을 수 없다. 박물관이 주변 환경과 독특한 조화를 이루는 풍경을 보는 것만으로도 기분이 좋아진다.

그곳에 갈 때면 늘 기대한다. 이번에는 어떤 변화가 있을까. 변화는 진입로부터 시작한다. 진입로를 그냥 두지 않고 그래피티 작업으로 작품을 만들었다. 상설전시실은 동굴 형태에 맞추어 편안하고 자연스럽게 전시했다. 특히 이곳에서 열리는 특별전은 일반적인 문법을 깬 참신한 전시로 깜짝 놀랄 때가 많다. 특히 돌도끼로 나무를 베고, 그 배를 깎아 만든 통나무배를 한탄강에서 띄우는 실험을 하고, 그 배를 전시한 특별전 <돌과 나무의 시대>는 특별한 기억으로 남아있다.

돌과 나무의 시대

몇 해 전 여름이었다. 주먹도끼를 아이들에게 어떻게 설명하면 좋을지 이리저리 고민하던 중이었다. 생각이 벽에 막히자 한탄강을 걸으면 뭔가 번쩍이는 아이디어를 얻을 것 같아 전곡리로 달려갔다. 강변을 걷다가 얕은 강물에도 들어가보았다. 둥글둥글한 강돌을 보자 머리를 헤집던 주먹도끼가 떠올랐다. 반나절 동안 한탄강 일대를 돌아다니다가 연천 전곡리 유적으로 들어갔다. 그곳에는 토층전시관, 발굴 지역, 구석기 사람들의 모형이 종합 선물세트처럼 전시되었다. 주먹도끼를 든 구석기 사람 모형을 보면 뭔가 아이디어가 떠오를 것 같았다. 모형 앞에 도착하는 순간 갑자기 하늘이 어두워지고 비바람이 불었다. 비바람이 거세지더니 천둥 번개가 번쩍번쩍 땅으로 내리꽂혔다. 가까이에 건물은 보이지 않았고, 겨우 몸을 가릴 만한 정자로 허겁지겁 뛰어갔다. 번개가 쉴 새 없이 내리치자 더럭 겁부터 났다. 혹시 카메라에 벼락이라도 떨어지면 어떡하나. 상상만 해도 아찔했다. 끝나지 않을 것 같던 시간이 지나갔다. 구석기 사람들 모형도 함께 거센 비바람을 맞았다. 그들을 보자 구석기 시대 사람들도 지금 나처럼 공포를 느꼈을 거라는 생각이 들면서 그들과의 거리가 한층 가깝게 느껴졌다. 그날 번개의 경험은 전곡선사박물관을 떠올리는 강렬한 기억으로 남았다.

그곳에 가야 경험할 수 있다

누군가 지금 가장 머물고 싶은 전시실이 어디냐고 묻는다면 국립중앙박물관 불교조각실의 큰 불상 전시실을 꼽겠다. 국립중앙박물관에는 좋아하는 공간이 여럿 있다. 진열장 사이를 서성이며 청자만 봐도 흐뭇해지는 청자실의 단독 진열장 앞, 사람들이 어떻게 관람하는지 살펴보기 좋은 반가사유상실, 하늘 높이 걸린 그림을 보는 것만으로 기분이 좋아지는 괘불 앞, 달 뜬 밤 산책 코스로 제격인 비밀의 화원 같은 야외 정원이 그런 곳이다. 이 가운데 제일은 3층 불교조각실이다.

이곳에는 상당히 덩치가 큰 유물들이 빙 둘러 늘어섰다. 압도적인 크기로 박물관이 이사할 때마다 화제를 몰고 다니는 광주 철불(하남 하사창동 철조 석가여래 좌상), 경주에서 자리를 옮긴 약사불(석조 약사불 좌상), 통일신라 불상의 대표작 감산사 미륵보살(경주 감산사 석조 미륵보살 입상, 국보 81호)과 아미타불(경주 감산사 석조 아미타불 입상, 국보 82호), 특이한 손가락으로 관람객의 궁금증을 자아내는 비로자나불(석조 비로자불 좌상), 개성 있는 모습으로 사람들을 놀래키는 보원사지 철불(철조 불 좌상)이 이 전시실의 주인이다.

덩치가 가장 큰 광주 철불 앞에 서면 경외감이 들고 저절로 나를 낮추게 된다. 불교 신자는 아니지만 가끔 삼배를 올리고 싶은 마음마저 든다. 광주 철불은 힘차다. 새로운 국가를 세운 고려 초기의 젊고 신선한 기운이 감돈다. 감산사 불상들은 한국 불교 조각의 걸작으로 꼽힌다. 왼쪽의 미륵보살과 오른쪽의 아미타불 모두 같은 절에 모셔졌던 불상이다. 이 불상들을 가만가만 보고 있으면 '어떻게 돌로 살아있는 듯한 불상을 만들 수 있을까!' 하는 놀라움이 든다. 살짝 손가락만 닿으면 사람 피부처럼 쏙 들어갈 것 같고 이름을 부르면 걸어 나올 것 같다. 다른 불상들도 저마다 개성적인 얼굴로 관람객을 맞아주고 특히 보원사지 철불은 이웃의 얼굴을 보는 것 같다. 국립중앙박물관이 아니었다면 각 시대를 대표하는 거대한 불상들을 같은 공간에 라인업하기 어려웠을 것이다. 전시실에는 이 불상들이 뿜어내는 아우라로 가득하다.

각 시대의 대표적인 불상들이 모여 뿜어내는 기운 때문일까, 거대한 크기에서 나오는 힘 때문일까. 이 전시실은 좋은 기운으로 꽉 찬 것 같다. 전시실에 들어가면 강력한 에너지의 자장 속으로 빨려가는 기분이다.

불교조각실 안 큰 불상 전시실

불상의 얼굴을 보면 마음속 이야기를 안심하고 드러내도 괜찮을 것 같다. 그 때문인지 마음이 한결 가벼워진다. 전시실을 돌다 "아, 그러면 되겠다."라며 불현듯 영감이 떠오르기도 하고 막힌 실타래가 풀리기도 한다. 전시실에 앉아있는 것만으로 심란하던 마음이 차분해지고 가라앉았던 기분도 어느새 좋아진다.

그렇지만 아마 '이것'이 없었다면 그렇게까지 감동을 받지 못했을 것이다. 이것은 유물이 아니라 현대의 물건이다. 바로 전시실에 있는 둥그렇고 푹신한 소파다. 박물관에서 다리도 쉬고 불상도 자세히 보라고 소파를 설치했다. 국립중앙박물관의 전시실 여러 곳에 의자가 놓였지만, 둥그런 소파가 있는 곳은 이곳이 유일하다. 만약 이 소파가 없었다면 아무리 뛰어난 불상이라도 그 앞에 오랫동안 머무르기 어려웠을 것이다. 소파에 앉아 1시 방향에 있는 광주 철불부터 시계 바늘처럼 돌아 11시 방향에 있는 보원사지 철불까지 보면 전시실 일주가 끝난다.

감산사 불상

공간이 주는 힘 때문일까, 명작의 힘 때문일까. 종종 이곳의 불상들이 진짜 살아있는 것처럼 느껴질 때가 있다. 한번은 감산사 불상을 집중적으로 살펴보던 중이었다. 불상이 내 손을 부드럽게 잡아주는 듯했고 내게 살짝 미소를 지어주는 듯한 기분이 들었다. 불상의 두 눈이 나를 따라다니며 내가 하는 모든 일을 지켜보고 있고 내 마음을 아는 것처럼 보였다. 그 순간 내 마음을 들켜버린 듯 당황했다.

이 전시실의 가장 큰 매력이자 진짜 비밀은 저녁에 드러난다. 국립중앙박물관은 수요일과 토요일에는 저녁에도 문을 연다. 이때 낮보다 관람객이 줄어드는데, 특히 이곳은 다른 전시실에 비해 관람객이 더 드물다. 게다가 늦은 저녁에는 관람객이 드문드문 방문할 뿐이다. 아무도 없는 전시실은 고요하고 적막하다. 가끔 이 순간, 독특한 경험을 한다. 다른 세상으로 가는 문이 순간적으로 열려 공간이 충만해지고 다른 세상인 듯 신비로워진다. 그곳에는 그곳을 가야 경험하는 세상이 있다.

15

전시실 속 관람객

전시실에서 관람객을 만나는 일은 즐겁다. 박물관을 다닐 때는 큐레이터로 전시실에서 전시 이야기를 들려줄 기회가 많았다. 관람객을 만날 수 있는 중요한 기회였다. 설명을 할 때는 관람객이 잘 이해할 수 있도록 초등학생용 시나리오와 성인용 시나리오를 따로 짰다. 보통은 공식 설명 시간인 한 시간 안에 설명을 마치지만, 열띠게 이야기하다 보면 종종 시간을 훌쩍 넘긴다. 설명을 끝낼 때면 한 편의 연극 공연을 끝낸 기분이 들었다. 관람객의 얼굴을 보면 설명이 어땠는지 대번에 안다. 표정이 밝으면 덩달아 기분이 좋아지고, 더불어 "설명을 들으니까 확실히 달라 보인다."는 말을 들을 때면 칼칼한 목도 싹 낫는 것 같았다.

국립중앙박물관의 긴 복도

　전시 설명은 상호작용이다. 전시 설명을 듣는 관람객들은 대부분
전시에 관심이 많아 설명하는 내내 귀를 쫑긋 기울인다. 집중도가
높아질수록 말하는 사람도 신이 나서 더 많은 이야기를 꺼낸다. 특히 자주
봐 낯익은 사람들을 만날 때는 더 힘이 난다. 이럴 때는 듣는 사람이나
말하는 사람이나 시간 가는 줄 모른다. 반면 설명을 시작하기 전부터 '나는
시큰둥해요.' 하는 표정을 짓는 사람들도 있다. 주로 단체로 온, 자신의
의지와 상관없이 박물관에 온 학생들이다. 자발적으로 오지 않는 학생들
입장에서 박물관이란 지루하고 재미없는, 놀이공원의 가장 반대편에

있는 공간이다. 평소 아이들과 이야기하고 노는 걸 좋아하지만 이때는
어른들에게 쏟는 에너지의 서너 배쯤 쏟아부어야 한다.

전시실에서 설명을 하다 보면 종종 질문을 받는다. 가장 많이 들은
질문은 세 가지다. "이거 얼마예요?" "제일 비싼 게 뭐예요?" "이거
진짜예요?" 아이들은 당당하게 묻고 어른들은 약간 쑥스러운 듯 전제를
깔며 "이런 거 물어보면 안 되는데…." 하고 묻는다. 교양인이라면 해서는
안 되는 질문이지만 너무 궁금해서 어쩔 수 없다는 투다.

"이거 얼마예요?"라는 질문에는 "사실 저도 무척 궁금합니다."라고
대답한다. 그리고 "제일 비싼 것 찾는 방법 알려드릴까요? 여러분 마음에
드는 유물을 찾으셨다면 그게 제일 비싼 겁니다."라고 마무리한다.

"이거 진짜예요?"는 원본에 대한 가치 추구의 반영으로, 내가 지금 보고
있는 유물이 원본인지 복제품인지 궁금하다는 거다.

"모두 진품입니다. 복제품을 전시할 때는 이름표에 복제품 혹은
레플리카(Replica)라고 적습니다."

이 말을 들으면 관람객은 눈이 동그래져 눈앞의 유물을 다시 보곤 한다.

국립중앙박물관의 핫플레이스

박물관을 그만두면서 전시실과 관람객을 보는 눈이 바뀌었다. 박물관에
다닐 때는 큐레이터 즉 생산자 입장이었다면 지금은 소비자인 관람객
입장이 되었다. 입장이 바뀌면서 보이는 것도 달라져 이전에는 잘

보이지 않던 부분들이 눈에 들어오기 시작했다. '관람객은 왜 박물관에 오고 어떻게 전시를 볼까?'도 그중 하나다. 관람객을 살펴보기에 국립중앙박물관만 한 곳이 없다. 우리나라 박물관 가운데 가장 많고 다양한 사람들이 방문한다. 또 책에 나오는 유명한 유물들이 많아 관람객의 반응을 살펴보기 좋다.

국립중앙박물관은 《수학의 정석》과 비슷하다. 책장을 넘겨도 넘겨도 끝나지 않던 것처럼 봐도 봐도 전시실은 끝나지 않는다. 의욕적으로 공부한 가장 앞부분의 집합 장만 까맣게 되는 것처럼 박물관도 앞쪽 전시실인 구석기실, 신석기실, 청동기실, 삼한실, 고구려실까지는 사람들로 복작거린다. 정석이 집합 이후는 하얗게 남아있는 것처럼 고구려실을 지나면서 사람이 점차 줄어든다. 신라실의 황남대총 북분 금관을 보고 나면 본전 뽑은 기분이 들고, 개성 경천사지 십층석탑이 나오면 일차 고비를 맞는다. 더 볼 것인가, 그만 갈 것인가. 다행히 개성 경천사지 십층석탑을 배경으로 기념사진을 찍으면 일단 마무리한 기분이다. 만약 이 고비를 넘기면 1층의 마지막 전시실인 대한제국실까지 간다.

또다시 갈림길이다. 하프 마라톤에 만족할 것인가, 완주할 것인가. 2차 중대 고비는 2층이다. 2층에는 테마관과 기증관이 있는데, 여기까지 오면 사람들이 기하급수적으로 줄어든다. 1층을 보는 데 이미 많은 시간이 흘렀고 에너지도 거의 다 쓴 상태다. 국립중앙박물관은 사실 너무 넓어서 몇 번에 나눠 보는 게 좋지만 쉬운 일이 아니다. 덕분에 2층은 고요하고

3층 전시실에 단독으로 전시된 금동 반가사유상

차분한 분위기에서 전시를 관람할 수 있다. 특히 서화실은 조명 자체가 어두워 더 고요하다. 조용히 움직이던 사람들이 고개를 들고 탄성을 지른다. 2층 끝부분에 있는 괘불을 본 것이다. 높디높은 천장 끝까지 그림이 걸렸다. 이렇게 큰 그림이 있다는 사실에, 그 그림이 박물관 벽에 걸려 전시되었다는 사실에 깜짝 놀란다.

대망의 3층. 3층까지 올라오는 사람이 2층보다 더 줄지만, 1층에서 2층의 감소폭보다는 훨씬 작다. 대개 2층까지 온 사람은 3층까지 가려 하는 데다 3층에는 발걸음을 잡는 강력한 유물이 전시되었기 때문이다. 국보인 금동 반가사유상이다. 국립중앙박물관뿐만 아니라 우리나라를 대표하는 작품이다. 다른 건 몰라도 이 유물은 꼭 보고 가야 한다는 사람이 제법 있다. 열차 시간 전에 잠시 짬을 내 이 한 작품을 보러 박물관을 찾은 가족을 만나기도 했다. 최근에 3층에 반가사유상 전시실에 버금가는

1층 신라실에 전시된 금관

전시실이 생겼다. 세계문화관의 이집트실이다. 이집트는 기본적으로
사람들의 관심이 많은 주제이기 때문에 이곳도 인기가 높다.

　국립중앙박물관의 핫플레이스를 꼽으면 신라 금관 전시실, 경천사지

3층 이집트실에 전시된 미라

십층석탑, 반가사유상 전시실, 이집트실이다. 관람객들은 1층 신라실 앞머리에 전시된 금관을 보는 순간 입을 쫙 벌린다. "금관이다!" 그리고 약속이나 한 것처럼 한 바퀴 둘러본다. 그리고 "이거 무거워서 어떻게 썼지?"라든가 "진짜 화려하다."라든가 혹은 "무게가 얼마야?"라는 반응이 잇따라 나온다. 말로만 듣던 금관을 눈으로 확인하는 순간이며, 박물관에 온 보람과 본전을 찾는 곳이다. 경천사지 십층석탑 앞에 서면 고개를 들어 탑을 올려다본다. "이거 진짜예요?"라는 질문에 "진짜입니다."라는 답을 들으면 입을 다물지 못한다.

3층에 있는 반가사유상 앞에 서면 사람들은 말이 줄어들고 조용해진다. 금관 전시실과 사뭇 다르다. 여기도 금관처럼 전시실에 한 점만 전시했다. 전시실로 들어가면 조용히 한 바퀴 돌아보거나 의자에 앉아 반가사유상을 바라본다. 반면 이집트실은 낯설고 신기한 유물로 가득해서 시끌시끌하다.

최근 개관한 디지털 실감영상관도 인기가 높다. 특히 수요일과 토요일 저녁 8시에 펼쳐지는 경천사 십층석탑 미디어 파사드는 유물과 미디어 기술이 만나 새로운 세계를 만들었는데, 비디오쇼가 펼쳐지는 동안 여기저기서 감탄사가 터져나온다.

그 한 발에 달렸다

박물관은 누구에게나 열려있다. 나이가 어리다고, 혹은 나이가 많다고 출입을 제한하지 않는다. 국립중앙박물관에 가면 다양한 연령대의 관람객을 만난다. 박물관에 처음 와보는 나이는 다르지만, 적어도 초등학교 고학년이 되면 체험 학습을 하러 박물관에 온다. 학교에서 오는 경우 대부분 한 손에는 활동지가 들렸다. 학습지의 성격에 따라 아이들의 활동이 달라진다. 아이들은 해야 할 거리가 쥐어지면 일단 하도록 교육받았다. 풀어야 할 과제가 많으면 아이들은 유물 한 점 제대로 보지 못하고 정신없이 다음으로 넘어간다.

어느 날 반가사유상 전시실에 한 무리의 아이들이 들어왔다. 활동지에 반가사유상을 보고 소감을 쓰는 문제가 실렸다. 문제를 낸 교사는 반가사유상의 미소도 보고 아름다운 자세도 보라고 문제를 냈겠지만 여러 문제를 풀어야 하는 아이들 입장에서는 그럴 여유가 없었다. 아이들은 반가사유상 정면을 살펴보는가 싶더니 울퉁불퉁한 양쪽 벽면을 지나 활동지를 대고 쓰기 편한, 평평한 뒷벽면으로 몰려왔다. 벽면에 활동지를 대고 관찰하려니 반가사유상의 뒷머리만 보였다. 아이들은 "반가사유상 머리에 뭔가 꽂혀있다. 이상하다."라고 소감을 적고는 재빨리 다음 전시실로 달려갔다. 그러니 아이들에게 "박물관은 무엇이다?"라고 질문하면 "지루하고 힘들다. 빨리 나가고 싶다." 심지어 "가지도 않았는데 벌써 피곤해진다."라고 대답하기도 한다.

그동안 학교에서는 어떤 박물관 교육이 이루어졌을까? 초등학교, 중학교, 고등학교까지 여러 차례 박물관에 가고 또 그곳에서 활동지를 풀지만 정작 어떻게 하면 박물관을 흥미롭게 볼 수 있는지 배운 적이 거의 없다. 그동안 박물관에서 여러 학생들을 만났지만 관람 예절은 배웠어도 박물관을 흥미롭게 관람하는 교육을 받은 경우는 정말 드물었다. 배운 적이 없는 상태에서 부모가 되고 교사가 되면 예전에 알던 방식으로 박물관을 대할 가능성이 높다. 이렇게 '지루함의 대물림'이 이루어진다.

이 책임을 모두 교육의 문제로 돌리기는 어렵다. 생산자와 소비자의 관계에 빗대면 생산자는 박물관이고 소비자는 관람객이다. 관람객에게 알맞은 상품을 만드는 일은 일차적으로 박물관이 담당한다. 박물관은 관람객들이 박물관을 잘 활용할 수 있도록 만들 1차 책임이 있다.

하지만 박물관에 들어서는 순간 어떻게 하면 박물관을 잘 볼 수 있나보다는 하지 말라는 경고의 글을 먼저 만난다. 막상 전시가 궁금해 설명문을 읽어도 잘 이해가 되지 않고, 전시 유물 옆에 붙은 이름표는 외계어 같다. 급기야 발걸음을 멈춰 무엇을 살펴보기보다 빠른 걸음으로 스치듯 지나가며 빨리 출구가 나오기를 기대한다.

다행히 최근에는 관람객과 소통하려는 박물관이 늘어 다양한 교육 프로그램, 설명회, 활동지를 마련한 곳이 많다. 또 멀티미디어를 이용해 시각효과를 높이고 다양한 체험활동을 할 수 있는 곳도 늘어났다.

특히 박물관의 핵심인 전시에서 이런 경향이 두드러진다. 최근 개관했거나 개편한 박물관의 상설전시실은 이전과 상당히 달라졌다. 변화의 중심에 관람객이 있다. 박물관 진입의 문턱을 낮추고 친근한 곳으로 만들기 위해 여러 가지 노력을 기울인다. 전시실을 시원하거나 역동적으로 구성했고, 유물을 감각적으로 전시했다. 설명글은 이해하기 쉽게 쓰고, 읽기 편하게 디자인했다. 또 전시실 곳곳에 질문을 던지거나 생각거리를 제시해 관람객에게 적극적으로 말걸기를 시도하고 있다.

2020년 국립중앙박물관에서 열린 <한겨울 지나 봄 오듯 - 세한 평안> 특별전에서 '세한도' 두루마리 여백 위로 이런 글이 쓰였다.

"정인보의 글 다음에도 304센티미터의 빈 공간이 길게 이어집니다. 여러분께서 마음으로 채워보시기 바랍니다."

그러나 모든 출발의 시작은 관람객이 전시실에서 멈추는 그 한 발이다. 일단 멈추고 오래 봐야 유물이 보인다. 결국 그 한 발에 달렸다.

3장 박물관의

슈퍼스타들

16

전시와 슈퍼스타

전시를 준비하는 큐레이터는 슈퍼스타를 전시에 출품시키기 위해 끝까지 노력한다. 지금까지 만난 최고의 슈퍼스타는 '몽유도원도'였다. 조선 초기 화가 안견이 안평대군의 꿈을 단 3일 만에 그렸다는, 그 작품이다. 2009년 국립중앙박물관에서 한국박물관 개관 100주년 기념 특별전인 <여민해락>이 열렸다. 이 전시에는 국내외의 대표 유물 200점이 출품되었다. 경주 천마총 장니 천마도(국보 207호), 훈민정음해례본(국보 70호), 석가탑 무구정광 대다라니경(국보 126호), 강산무진도(이인문 필 강산무진도, 보물 2029호), 조선 태조어진(국보 317호) 등 스타들이 많았으나 관심은 몽유도원도로 집중되었다.

몽유도원도

"그런데 그동안 (몽유도원도가) 많이 훼손이 됐습니다. 그래서 훼손됐기
때문에 빌려줄 수 없다, 저희가 100주년이다, 설득을 해서 어렵게….”

　당시 국립중앙박물관장이 한 라디오 프로그램에 나와 당시 상황을
들려주었다. 빌려줄 수 없다는 일본 덴리대학을 설득해 딱 9일만
공개하기로 결정했다. 언론에서는 “13년 만에 한국에서 만나는
몽유도원도, 단 9일간 전시”라는 기사를 실었다. 소식을 들은 사람들은
이번에 못 보면 평생 못 본다는 심정으로 국립중앙박물관으로 몰려들었다.
조건이 제한될 때 사람들의 열정은 더 솟는다. 나도 그중 한 명이었다.

　그날은 추석날 아침이었다. 추석날이니 사람이 적을까 싶어 그 시간을
택했지만 나와 비슷한 생각을 한 사람들이 한둘이 아니었다. 마치
성지순례를 나선 순례자들처럼 더디고 긴 줄에도 짜증 내는 사람들이

없었다. 몇 시간을 기다려 전시실 안으로 들어갔고 또 지루한 기다림 끝에 마침내 몽유도원도 앞에 섰다. 그리고 수십 초도 안 되는 짧은 시간 몽유도원도를 만났다. 밀려드는 사람들 물결에 발걸음조차 멈출 수 없던 터라 차분히 감상하기란 애당초 불가능했다. 그 와중에도 복숭아밭의 분홍빛을 찾아보려, 그곳을 감싼 꿈틀거리는 산을 눈에 담으려 했다. 전체적인 느낌을 느끼려 멀어지면서도 눈을 떼지 않았다. 몽유도원도가 시야에서 사라지자 전설 같은 몽유도원도를 내 눈으로 봤다는 만족감에 휩싸였다. 그 만족감을 안은 채 집으로 돌아와 짧은 글을 썼다.

차라리 도원(桃源)을 몽(夢)하라

복숭아꽃이 흐드러지게 피어나고 있었다. 복숭아나무들은 언덕 이곳저곳에서 자라고 있었다. 복숭아나무 가지들은 시원스럽게 위로 쭉쭉 뻗었다. 언덕 가장 위쪽으로 보이는 집 세 채. 복숭아 언덕을 향해 문이 활짝 열렸지만 정작 집 안에는 사람이 보이지 않는다. 복숭아 언덕을 소요하고 있는 중일까? 그 집 안에 앉아있는 사람은 바로 그림을 바라보는 사람이다. 한때 도원의 집에는 안평대군이 앉아 있었고 지금 이 순간은 바로 내가 앉았다.

언덕에 흩날리는 것이 복숭아꽃만은 아니다. 기분 좋은 봄날의 나른함이 언덕에 가득하다. 안평대군은, 안견은 봄날 복숭아가 활짝 핀 세계를

이렇게 묘사했다. 아무도 찾지 않은 깊은 산속에서 따뜻한 볕을 맞으며
바라보는 복숭아꽃밭의 세계. 마음의 평안을 얻는 곳이고 온갖 시름을 잊는
곳이다. 영화 <천년학>에 나오는, 매화꽃이 비처럼 떨어지는 장면보다 더
아름다웠을 곳. 욕망이 무화(無化)되는 곳. 그 순간이
영원처럼 존재하는 곳이다. … 그가 살아남기
위해서 그는 도원에서 유(遊)를 몽(夢)하는 것이
아니라 차라리 도원을 몽(夢)했어야 했다.

유물이 슈퍼스타가 되는 조건

몽유도원도를 보며 또 다른 슈퍼스타 '세한도(김정희
필 세한도, 국보 180호)'가 떠올랐다. 2003년
호림박물관에서 조선 백자를 주제로 한
<조선 백자 명품전>이 열렸다. 이때
마지막 전시실을 백자와 다른 유물을
비교하는 자리로 꾸몄다. 백자와
목가구, 백자와 그림을 같이
전시해 묘미를 주려는 의도였다.
아랫부분이 둥근 백자병(백자
청화송하초옥문 병, 서울시 유형문화재 197호)
몸통에는 아담한 초가집과 그 집을

백자 청화송하초옥문 병

감싼 소나무가 뛰어난 솜씨로 그려졌다. 이 그림과 어울릴 만한 그림으로
세한도를 전시했다. 이때 슈퍼스타 세한도의 위력을 실감했다. 끊이지
않고 세한도 앞에 멈춰서 감탄하는 사람들을 보고 의문이 들었다. 왜
사람들은 세한도에 열광할까?

　일단 유홍준 선생이 《추사 김정희》(창비, 2018)에서 지적한 것처럼
세한도의 진가는 제작 배경, 갈필과 건묵으로 마음의 뜻을 잘 드러낸 그림,
그림에 이어진 아름다운 글씨라는 점을 들 수 있다. 우리나라 그림 가운데
세한도는 그림을 그린 사연이 가장 널리 알려졌다. 그것도 유배라는 생의
고비와 변치 않는 의리라는 뭉클한 요소가 만나 더욱 극적인 이야기로
변했다. 특히 유배는 이 작품에 특별한 의미를 부여하는 데 결정적인

세한도

역할을 했다. 세한도는 유배의 어려움 속에서 이룩한 예술적 성취였다. 그리고 추사는 몰라도 '추사체'는 들어봤을 정도로 추사는 글씨로 유명했다. 세한도는 그림과 더불어 그 옆에 쓴 글씨가 큰 역할을 했다.

특히 세한도를 스타에서 슈퍼스타로 만든 강력한 요소는 그림에 얽힌 사람들 이야기다. 그림 자체보다 그림을 둘러싼 이야기가 사람들에게 더욱 강력한 영향을 끼쳤다. 역관이었던 이상적이 청나라에서 구한 귀중한 책을 추사에게 보내자 추사는 변치 않는 의리에 감동해 이상적에게 세한도를 그려준다. 그림 옆에 이어진 글에 이렇게 썼다.

"한겨울 추운 날이 된 뒤에야 소나무와 잣나무가 시들지 않음을 안다."

세한도 하면 자연스럽게 따라오는 이 구절은 세한도와 추사의 이미지

형성에 큰 영향을 주었다. 천재, 고난과 좌절, 의리, 역경 속에서 깊어진 예술은 감동적인 이야기에 나오는 공식적인 요소들이다. 믿었던 사람들이 등을 돌린 경험을 해본 적이 없더라도 이 이야기에 쉽게 감정이 이입된다. 이 이야기는 슈퍼스타 신화의 고갱이다.

신화의 고갱이는 다른 이야기들과 이어지고 덧붙여지면서 거대한 눈덩이로 불어난다. 김정희의 인생도 매력적인 소재였다. 어렸을 때부터 붓글씨를 잘 써서 박제가가 장차 뛰어난 인물이 될 것이라고 한 예언으로부터 이야기는 시작한다. 24세 때 아버지를 따라 청나라에 가서 당대 최고의 학자인 옹방강과 완원을 만났고, 그들의 인정을 받으며 교류를 시작했다. 그 뒤로도 청나라의 학자들과 교류하며 인정을 받은 보기 드문 국제적인 인물로, 지금으로 치면 한류스타였다. 그뿐인가, 당대의 대선사였던 백파 선사와 논쟁을 벌일 정도로 불교에도 뛰어났다.

그의 생애는 어떤가? 제주도와 북청으로 두 번이나 유배를 다녀오는 등 파란만장의 연속이었다. 게다가 이런 말까지 남겼다.

"제 글씨는 아직 부족함이 많지만, 저는 칠십 평생에 벼루 열 개를 밑창 냈고, 붓 일천 자루를 몽당붓으로 만들었습니다."

천재인 데다 이런 노력까지 기울였다니! 그리고 청의 문인들에게 세한도 감상 글을 받았다. 16명이 쓴 감상 글은 유배 중인 김정희에게 전해졌다. 감상 글을 받은 김정희의 마음은 어땠을까?

이상적 이후 세한도는 여러 사람 손을 거쳐 한학자이자 추사 연구가인

일본인 후지쓰카 지카시의 소유가 되었다. 서예가였던 손재형은
경성제국대학 교수인 후지쓰카를 찾아가 자기에게 팔라고 했지만
열광적인 추사 연구자였던 후지쓰카는 정중하게 거절했다. 1944년
후지쓰카는 세한도와 함께 일본으로 돌아갔다. 이 소식을 들은 손재형은
미군의 폭격을 받던 일본으로 건너가서 두 달 동안 매일 찾아가 인사를
했다고 한다. 정성에 감동한 후지쓰카는 자기가 죽으면 주겠다는 약속을
했지만 손재형은 이에 만족하지 않았다. 마침내 후지쓰카는 손재형이
세한도를 소유할 자격이 충분하다고 인정하고 대가 없이 손재형에게
넘겨주었다. 손재형은 그 뒤 세한도를 잘 보관했을까? 훗날 정치에 뛰어든
그는 정치 자금을 대느라 그만 세한도를 저당 잡혔다.

세한도라는 드라마는 마지막 반전이 기다리고 있었다. 세한도의
마지막 소장자인 손창근 선생은 큰 결심을 했다. 2020년 세한도를
국립중앙박물관에 기증한 것이다. 1844년 세상에 탄생한 세한도는 이제
누구의 것이 아닌 누구나의 것이 되었다.

2020년 11월 국립중앙박물관에서 세한도 기증 기념 특별전 <한겨울
지나 봄 오듯 : 세한 평안>을 열었다. 이 전시에서 세한도는 머리부터
발끝까지 모두 펼쳐졌다. 관람객들은 길게 펼쳐진 두루마리 위에서
세한도의 역사를 만들어간 사람들과 조우했다.

명작이란 평가(세한도에 대한 평가는 여러가지다. 최고의 문인화라고 평가하는
사람이 있는가 하면 그림 수준이 대단하지 않다는 사람도 있다. 어떤 기준으로 보는가에

따라 평가가 상당히 엇갈린다. 나는 그림의 수준을 떠나 지금 사람들도 김정희의 심정을
공감한다는 점이 놀랍다) 위로 신화적인 이야기가 쌓여 슈퍼스타 세한도를
만들었다. 슈퍼스타는 그 이름만으로 사람들을 불러 모은다. 사람들은
사진이나 들은 이야기가 아니라 자신의 눈으로 직접 명작을, 신화를,
드라마보다 드라마 같은 이야기를 보고 싶어 한다. 사람 욕망이 그렇다.

　몽유도원도를 세한도와 비교하면 흥미로운 점이 눈에 띈다. 김정희는
제자의 의리에 감동해 그림을 그려주었고, 세종의 셋째 아들 안평대군은
자신의 꿈을 잊을세라 당대 최고의 화가 안견에게 그리도록 했다.
세한도가 단순한 구도와 절제된 붓질 등 최소한의 것을 담은 반면
몽유도원도는 웅대한 스케일에 격정적인 붓놀림과 그에 못지않은
섬세함을 담았다. 세한도를 받은 이상적은 청의 문인 16명으로부터
찬문을 받았다면 안평대군은 박팽년을 비롯한 21명의 당대 내로라하는
관료들로부터 찬문을 받았다. 세한도는 의리를 상징했지만 몽유도원도는
이루지 못한 꿈과 권력의 속성을 담았다. 안견은 정치 투쟁의
소용돌이에서 살아남기 위해 안평대군과 인연을 끊었다. 찬문을 남긴
21명 가운데 6명은 안평대군과 정치적 운명을 같이해 목숨을 잃었지만,
10명은 안평대군의 라이벌 수양대군을 지지해 출세의 길을 달렸다. 특히
안평대군의 꿈에서 같이 도원을 노닌 신숙주는 수양대군 편에 섰고,
안평대군이 죽은 뒤 그의 별장을 차지했다. 그래서였을까, 신숙주는
뛰어난 업적을 남겼음에도 사육신과 대비되어 오랫동안 대표 변절자로

낙인찍혔다.

　두 사람의 삶은 어떨까. 김정희가 명망 있는 집안의 자식이었지만 제주도와 북청으로 유배를 가는 등 파란만장한 삶을 산 것처럼 안평대군 역시 왕족으로 남부러울 것 없는 생활을 누리다가 형 수양대군과의 권력 투쟁 끝에 36세에 세상을 마감했다. 김정희가 추사체라는 개성적인 서체로 최고의 명필 반열에 오른 것처럼 안평대군 역시 송설체의 대가로 최고의 반열에 올랐다. 그리고 김정희의 글씨와 학문을 중국 학자들이 인정한 것처럼 안평대군의 글씨 역시 중국에서 선망의 대상이 되어 중국의 사신이 조선에 올 때마다 안평대군의 글씨를 간청했다. 그러나 김정희의 작품들은 지금까지 전하는 것이 많지만 역적으로 몰린 안평대군의 글씨는 전하는 것이 거의 없다. 김정희는 죽은 지 6개월 뒤 누명을 벗고 복권이 되었지만 안평대군은 수백 년 세월이 흐른 1747년(영조 23년)에야 비로소 복권되었다. 무덤이 없던 그는 단종의 무덤이 있는 영월 장릉에 충신으로 모셔졌다.

　비슷한 듯 다른 세한도와 몽유도원도. 몽유도원도 역시 그림에 얽힌 사람들 이야기가 몽유도원도를 슈퍼스타로 만들었다. 당대 최고의 화가가 그린 그림, 안평대군이라는 뛰어난 인물, 그의 폭넓은 교류, 그의 글씨, 수많은 찬사, 의리와 배신이 신화를 만들었다. 그리고 신화의 퍼즐은 몽유도원도의 극적인 발견으로 완성되었다. 안평대군의 죽음과 함께 홀연히 사라졌던 몽유도원도는 한참 시간이 흐른 1893년 조선이 아닌 일본에서 존재가 알려졌다. 임진왜란 중에 약탈당했을 가능성이 높은 몽유도원도는 오랫동안 시마즈 가문에 비장되었던 것으로 보인다. 이후 여러 사람의 손을 거쳐 1950년 일본의 덴리대학으로 넘어갔다. 몽유도원도는 안평대군의 운명처럼 파란만장했다. 2009년 전시 이후 언제 다시 전시에 모습을 드러낼지 아무도 알 수 없다. 몽유도원도와 세한도의 마지막 길은 닮았다.

　슈퍼스타를 전시한다는 건 유물의 역사를 만든 사람을 불러내는 것이고 슈퍼스타를 본다는 건 그 사람들을 만나는 것이다.

17

반가사유상 한 바퀴

국보 78호와 83호로 지정된 두 점의 금동 반가사유상은 한국 미술을 대표하는 걸작으로 꼽히곤 한다. 그래서 국립중앙박물관에서 반드시 봐야 할 유물로 두 반가사유상을 꼽는 사람들이 제법 많다. 그뿐만 아니라 국보 83호인 반가사유상은 해외 전시에 자주 나가 전 세계인들에게 호평을 받는다. 시간과 공간을 초월해 오랜 시간 감동을 준 반가사유상의 비밀을 찾는 방법은 뭘까? 뜻밖에 간단하다. 사방에서 살펴보면서 보는 대로 보고 느끼는 대로 느끼면 된다.

　'금동 반가사유상(국보 83호)'은 국립중앙박물관 불교조각실 안 독립된 전시 공간에 홀로 전시되었다(2021년 2월 3일 국립중앙박물관에서는 2021년 다섯

금동 반가사유상

가지 핵심 사업의 하나로 국보 78호, 83호 반가사유상 전용 전시 공간을 조성하겠다고 발표했다). 전시실 조명은 어두워 전시실 분위기는 차분하다. 전시실에 들어서면 전시실 뒤쪽 커다란 진열장 안에 주인공인 반가사유상이 자리 잡았고 그 앞쪽 적당한 위치에 의자가 놓였다. 진열장과 전시실 벽은 사람들이 돌면서 볼 수 있도록 일정한 간격을 유지했다. 다양한 지점에서 이 상을 살펴보기에 알맞은 구조다.

반가사유상은 보는 위치에 따라 느낌이 달라진다. 앞에서 봤을 때 옆에서 봤을 때 뒤에서 봤을 때 다르고, 앞에 앉아서 올려다볼 때와 서서 마주 볼 때가 또 다르다. 물론 이 작품을 만든 장인은 예배자가 앞에서 우러러 올려다보는 것을 염두에 두고 만들었을 것이다.

먼저 올려다보는 시각으로 보려면 일단 의자에 앉아야 한다. 의자에 앉아서 이 상을 올려다보면 어느새 마음이 차분하고 경건해진다. 처음에는 이곳저곳을 살펴보다가 어느새 미소 짓는 얼굴로 집중된다. 단순하고 간결한 신체와 손이 만들어내는 운동감은 눈길을 얼굴로 이끄는 데 한몫한다. 그렇지 않았다면 눈길이 분산되어 좀 정신이 없었을 것이다. 반가사유상의 미소를 만나는 순간 보는 사람의 얼굴에 미소가 번진다. 그러면서 놀라운 일이 생긴다. 복잡하고 심란한 마음이 슬며시 가라앉는다. 마치 배를 집어삼킬 듯 일렁이던 파도가 점차 가라앉아 잔잔해지는 것처럼.

반가사유상의 미소를 보다 가끔씩 경탄할 때가 있다. 반가사유상이 만들어진 이후 천수백 년 동안 얼마나 많은 사람들이 이 앞에 있었을까, 그들은 반가사유상에 어떤 마음을 풀어놓았을까, 어떤 소원을 빌었을까? 이런 생각으로 이 상을 보면 반가사유상이 바다처럼 넓어 보인다. 그 많은 사람을 품고 그 많은 마음을 어루만지고 수없는 소원을 들어주고 또 지금도 미소를 보내는 중이고 앞으로도 보낼 미소를 상상하면 경이롭다. 이런 점에서 반가사유상은 과거와 현재와 미래를 하나로 잇는다.

반가사유상을 반가사유상이도록 만든 미소의 정체는 무엇일까? 이를 두고 해석이 분분했다. 그중에서 불교학자 김형효 선생과 명법 스님의 해석이 가장 마음에 와 닿는다.

먼저 김형효 선생의 이야기(《마음 혁명》, 살림, 2007)를 들어보자. 선생은 로댕의 '생각하는 사람'과 비교해 반가사유상을 부각시켰다. '생각하는 사람'은 "생각한다. 고로 나는 존재하다."는 근대적 인간의 전형을 보여준다는 점에서 반가사유상과 확실하게 대비된다.

로댕의 '생각하는 사람'이 보고 있는 건 지옥의 모습이다. 그의 눈에 비친 지옥은 죽음 후의 세계가 아니라 지금 눈앞에서 펼쳐진 인간 세상의 모습이다. 당시 로댕은 사회주의의 영향을 많이 받았는데 그가 본 지옥은 모순으로 가득 찬 현실 세계였다. 굳센 근육은 지옥 같은 인간 세상을 바꾸겠다는 불굴의 의지다. 여기서 생각은 세상을 바꾸려는 무기다.

선생은 반가사유상의 미소를 불교의 깨달음과 연관 지었다. 즉 모든 것을 긍정하는 미소로 해석했다. 반가사유상은 생각에 집착하지 않고 어떤 빛이 솟아오르기를 기다리는 모습 같다고 말한다. 밋밋한 몸에서는 세상을 바꾸겠다는 의지 같은 건 보이지 않는다. 여기서 사유는 세상을 바꾸려는 것에 있지 않고 있는 그대로를 인정하는 것이다. 달리 말하면 세상을 소유하려 들지 않고 또 분노와 모순에 찬 세상을 어떻게 해서든 바꾸어 보겠다거나 전투적으로 싸우겠다는 의지 대신 그저 미소 지으며 바라볼 뿐이다. 반가사유상의 미소와 사유는 불교적 세계관을 상징한다.

《미술관에 간 붓다》(나무를 심는 사람들, 2014)를 쓴 명법 스님은 한 인터뷰에서 반가사유상을 적멸과 연결 지어 해석했다.

"타락한 세상을 혁파하겠다는 적극적인 도덕 의지의 표현도 아니고 새로운 세계를 창조하려는 시인의 독창적인 상상도 아니다. 그것은 삶과 죽음, 발생하고 소멸하는 현상을 있는 그대로 바라보는, 지극히 수동적이고 관조적인 행위에 불과하다. … 적멸의 즐거움은 조건이 없는 즐거움이다. 그 즐거움은 발생하거나 사라지지 않으며 한계가 없다. 사유상의 미소는 바로 이 적멸의 즐거움, 불생불멸의 즐거움을 보여준다."

김형효 선생이나 명법 스님은 이 두 상에서 서로 다른 가치관을 발견했다. 생각하기와 생각 멈추기, 나를 자각하기와 나를 잊기, 소유욕과 무소유, 타자를 바꾸려 하기와 그대로 바라보기. '생각하는 사람'이 근대적 인간을 상징하는 명작이라면 반가사유상은 깨달음의 경지를 시각적으로 드러낸 명작이다. 반가사유상을 본 사람들의 마음이 편안해지는 건 판단하지 않고 분별하지 않고 있는 그대로 보려는 미소 때문이 아닐까.

보는 높이가 달라지면 보이는 것도 달라진다. 의자에서 일어나 반가사유상을 보면 또 다르다. 반가사유상은 복잡하지 않고 단순하다. 이 상을 만든 장인이 복잡하고 화려한 것보다 간결함을 추구한 것 같다. 머리에 쓴 관, 얼굴, 상체, 팔과 손가락, 다리를 보면 더 이상 뺄 것이 없어 보인다. 장식 역시 마찬가지다. 목걸이와 팔뚝에 장식을 둘렀지만 단순하기 그지없다.

단순함과 간결함이 힘을 얻으려면 신체 각 부분이 자연스럽고 탄탄하게 연결되어야 한다. 눈으로 얼굴에서 시작해 팔, 다리를 따라 가상의 선을 그어보면 신체가 탄탄하게 이어진 걸 파악할 수 있다. 때로는 부드럽고 때로는 긴장감 있게, 때로는 여유롭고 때로는 급하게 연주되는 음악을 듣는 기분이다. 상상을 한껏 더 발휘해 이 선을 작은 길이라고 가정하고 자전거를 탄다면 이 선의 흐름을 몸으로 느끼는 기분이 든다.

그러나 간결하고 단순하다고 흐름이 다 똑같지 않다. 단순함에도 차이를 두어 변화를 주었다. 의자를 덮은 주름부터 얼굴로 갈수록 간결해진다. 의자를 덮은 주름을 보면 마치 커튼이 늘어진 것처럼, 폭포에서 물이 흘러내리는 것처럼 보인다. 그런데 오른쪽 다리 바로 아래 옷주름은 덜 복잡하게, 오른쪽 무릎의 옷주름은 몇 줄의 선으로 간결하게 표현했다. 상체와 얼굴은 더욱 단순화했다.

간결하지만 적당한 탄력감과 긴장감을 얻는 건 힘을 주어야 할 부분은 놓치지 않고 힘을 주었기 때문이다. 오른쪽 뺨에 댄 손가락들, 특히 새끼손가락을 보면 내 손가락에도 힘이 들어가는 것 같다. 사유하는 자세를 자연스럽게 만들기 위해 오른쪽 무릎을 더 높이 올렸는데, 탄력적인 무릎 곡선이나 날카롭게 솟은 몇 줄의 옷주름이 팽팽한 긴장감을 일으킨다. 그뿐만 아니라 오른쪽 엄지발가락을 약간 구부렸다. 사유에 몰두하다 절정에 오르면 자신도 모르게 발가락이 구부러지는 바로 그 순간을 예리하게 포착했다. 이 점을 세밀하게 관찰해 표현한 걸 보면 "명품은 디테일에 강하다."는 말이 떠오른다.

이번에는 시계 반대 방향으로 돌아가면서 본다. 시계 반대 방향으로 돌면 보는 위치에 따라 달라지는 반가사유상의 다양한 표정과 자세를 만날 수 있다. 일단 4시 방향에서 멈춰 반가사유상의 얼굴을 보면 인상이 더 부드럽게 보인다. 뺨에 댄 오른손이 더 율동적으로 다가오고 자세는 더욱 편안하다. 앞에서는 잘 보이지 않던 신체의 뒷부분이 보이기 시작한다. 긴 귀는 간결하게 묘사했다. 전체적으로 앞으로 살짝 숙여서 사유하는 모습이 잘 드러났다.

이번에는 뒤쪽인 12시 방향에서 멈춘다. 이곳에서는 얼굴이 보이지 않는다. 상체는 간결하게 묘사했고 옷주름은 부채 주름처럼 가지런하다. 그런데 머리 위쪽에 뭔가 달렸다. 앞에서는 전혀 보이지 않던 거라 사람들은 깜짝 놀라며 이것이 무엇일까 고개를 갸우뚱거린다. 심지어 기다란 막대기가 삐죽 튀어나온 듯 보이기도 한다는 이것은 빛이 나오는 걸 상징하는 동그란 광배를 꽂는 장치다. 광배는 어디론가 사라지고 꽂이만 남아 우리 눈에 낯설다.

　　뒷모습을 보다 보면 이런 말이 떠오른다. "뒷모습이 더 많은 말을 한다."
뒷모습을 보면서 앞모습을 상상한다. 그러면서 사유의 깊이가 더 깊게
다가온다.

사방에서 둘러본 반가사유상

　　이번에는 8시 방향에서 멈춘다. 4시 방향에서 본 얼굴 인상과 또
다르다. 뺨에 댄 손가락은 무척 가볍고 경쾌하다. 이 모습을 보고 있으면
처음에는 끝 모를 심각한 고민에 빠졌다가 점차 문제의 근원을 깨달아
이제 막 그 마지막 순간을 지나친 것처럼 보인다. 마치 수면 아래 있던
깨달음이라는 해가 고민의 바다를 뚫고 떠오르는 바로 그 순간처럼

보인다. 손가락은 해를 솟아오르도록 만드는 마지막 힘 같다. 뺨에 댄 손가락은 다양한 상상을 부른다. 사유하는 자세가 안정감 있고 편안하게 보이는 건 탄탄한 브이(V) 자를 그리는 오른팔, 또 그 팔꿈치를 힘 있게 받쳐주는 오른쪽 무릎 덕분이다.

이 상은 삼국시대인 7세기 전반에 만들어진 것으로 추정한다. 아쉽게 삼국 가운데 어느 나라에서 만들어졌는지 정확히 알 수 없지만 여러 연구자들이 신라의 작품일 가능성이 높다고 판단한다. 반가사유상은 미륵보살이나 석가모니가 출가하기 전 태자 시절의 모습일 것이라고 추정하고 있지만 정확히 알 수 없다.

이렇게 반가사유상을 한 바퀴 돌고나면 시간이 훌쩍 지난다. 그리고 의자에 다시 앉아 다시 한 번 미소를 보면 반가사유상 살펴보기는 마무리된다. 다음에 올 때 다시 한 바퀴 돌면 반가사유상이 한 발 앞으로 다가온다. 그렇게 점점 나와의 거리가 좁혀진다.

18

질문으로 찾아가는
무령왕릉 관식

딸이 어렸을 때 가장 가고 싶어 한 박물관은 '국립공주박물관'이었다. 백설
공주를 비롯한 여러 디즈니 공주들에 빠졌을 때 우연히 들은 공주박물관을
공주의 모든 것이 전시된 곳이라고 생각했다. 딸이 가자고 조른 유일한
박물관이었지만 그곳에 갈 수는 없었다. 적당한 때 공주박물관의 정체를
알려주려고 했는데 한발 늦었다. 어느 날, 그 공주가 자기가 아는 그
공주가 아니라는 사실을 눈치챘다. 그러더니 공주박물관을 만들면 어떻게
꾸밀까를 진지하게 들려주었다. 디즈니 공주들뿐만 아니라 세계 여러
나라의 공주들이 있으면 좋겠고 또 공주 옷을 전시해 입어볼 수 있도록
하면 좋겠다고 했다.

공주 없는 국립공주박물관. 그곳에는 백제의 중흥 군주로 알려진 무령왕의 무덤에서 나온 유물들이 전시되었다. 공주 것이 아니라 왕과 왕비의 것들이다. 두 층으로 이루어진 상설전시실 중 1층 전시실 대부분이 무령왕릉 유물로 채워졌다. 전시는 무령왕릉 내부의 유물 배치를 기본으로 했다. 무령왕과 왕비의 이력을 적은 '무령왕릉 지석(국보 163호)', 무덤을 지키는 '무령왕릉 석수(국보 162호)'를 앞에 배치하고 뒤쪽으로 보존 처리를 마친 관을 전시했다. 그 뒤로 무덤에서 출토된 주요 유물들이 줄줄이 늘어섰다.

사람들과 이 박물관에 가면 꼭 어떤 유물 앞에서 문제를 낸다.

"여기에 화려한 유물이 전시되었어요. 머리에 쓰던 관을 꾸미던 장식이죠. 두 쌍이 전시되었는데 모두 꽃을 묘사했어요. 먼저 어떤 꽃인지 찾아보세요. 그리고 어떤 것이 왕의 것이고, 어떤 것이 왕비의 것인지 추정해보세요. 마지막으로 한 쌍은 진품이고 한 쌍은 진품과 똑같이 만든 복제품이에요. 어느 것이 진품인지 맞춰보세요. 이름표는 보지 마시고요."

이렇게 문제를 내면 눈을 부릅뜨고 찾기 시작한다. 누가 빨리 찾나 시합이라도 하는 것처럼 재빨리 답을 찾는다. 다행히 두 쌍의 관식(무령왕 금제 관식, 국보 154호 / 무령왕비 금제 관식, 국보 155호)을 앞뒤 모두 볼 수 있도록 전시해서 꼼꼼하게 볼 수 있다. 대부분 자세히 관찰하지만 슬쩍 이름표를 보기도 한다. 왕비의 관식 앞 이름표 끝부분에 이렇게 쓰여있다. 복제품(Reprica). 이 이름표가 아니더라도 대부분 진품과 복제품을 잘 찾는다. 진품으로 추정한 근거를 들어보면 대부분 복제품에서는 새 것 같은 느낌이 난다는 것이다. 가끔 유물 번호의 유무를 판단의 근거로 드는 예리한 관찰자도 만난다.

국립공주박물관에 전시된 왕과 왕비의 관식 가운데 진품은 왕의 관식이다. 그래서 주로 왕의 관식을 꼼꼼하게 살핀다. 관식은 꼼꼼하게 살피기 좋은 교보재여서 찾아보는 즐거움이 크다. 왕의 관식은 하나의 큰 줄기에서 당초문들이 서로 경쟁하듯이 솟아올랐다. 당초문을 보면 불꽃이 바람에 일렁이듯 생동감 있다. 관식의 윗부분에는 한 송이 꽃이 활짝 피었다. 또 수많은 구멍을 뚫어 금실로 달개 장식을 달았다. 달개 장식은 바람에 움직이는 나뭇잎처럼 살짝 진동이 올 때마다 파르르 떨린다.

왕의 관식

전체적으로 보면 왕의 것은 좀더 역동적으로, 왕비의 것은 좀 차분하게 만들어 차이를 뒀다. 달개 장식으로 보아 아무래도 왕의 것에 신경을 더 쓴 것으로 보인다.

관식의 꽂이 부분은 윗부분보다 두껍다. 왕비의 것과 달리 U자형으로 휘었고 군데군데 구멍이 뚫렸다. 머리에 쓰는 관모에 잘 달려고 이렇게 만든 것으로 보인다. 비단으로 만들었을 관모는 시간이 지나면서 사라졌다. 어쨌든 왕의 관식은 착용 방법을 알 수 있어서 그런지 재현한 그림이 많다.

이런 점들을 대략 살피고 나서 미세한 진동에도 떨리는 관식의 달개 장식을 다시 확인한다. 단지 전시실을 걸었을 뿐인데도 그 진동이 달개 장식에 영향을 미쳐 바람 앞의 나뭇잎처럼 흔들린다. 달개를 보고 나면 이번에는 전시실 앞쪽으로 돌아가 무령왕 흉상에서 관식을 확인한다. 전시에 나란히 진열해서 어떻게 사용했는지 감을 잡지 못해도 흉상을 보면 한눈에 안다.

그렇다면 진짜 왕비 관식은 어디에 있을까? 국립중앙박물관 백제실에 있다. 이 전시실에 가면 몇몇 유물 앞에서 사람들과 멈춰 선다. 여러 가지 문양이 있는 전돌(부여 외리 문양전, 보물 343호)과 백제 금동 대향로 복제품이다. 그중에서 가장 긴 시간 머무는 유물은 무령왕릉에서 나온 관식이다. 놀랍게도 국립공주박물관에 있는 관식이 이곳에도 전시되었다. 국립공주박물관에서처럼 이 유물 앞에서도 문제를 낸다.

"나는 백제실에 있어요. 한 쌍은 진품, 한쌍은 복제품입니다. 뭐가 진짜인지 찾아볼래요? 나는 왜 이렇게 전시했을까요?"

국립공주박물관과 달리 국립중앙박물관에서는 한 진열장 안에 위아래로 전시해 더 빨리 찾는다. 가까운 곳에 있어서 비교하기도 편하다. 특히 아이들이 진품을 추정하는 이유를 들어보면 재미있다. "위쪽에 있어시, 왕비의 관식 아래가 녹슬어서, 헌 것 같아 보여서." 왜 하나는 진품, 다른 것은 복제품을 전시했을까 물으면 신중한 어른들과 달리 아이들은 말문이 터진다. "하나는 손상이 심해서, 옛날 기술을 따라할 수 없다는 걸 보여주려고, 어떤 게 더 예쁜지 비교하려고, 하나는 잃어버려서." 지금까지 들은 이야기 가운데 최고는 "도둑이 훔쳐갈 때 헷갈리게 하려고."였다. 잠시 관식 앞에서 당황하며 헷갈려하는 도둑의 모습이 떠올랐다.

무령왕릉 관식의 고향인 국립공주박물관에는 왕의 것은 진품, 왕비의 것은 복제품을 전시했고 우리나라의 대표 박물관인 국립중앙박물관에는 반대로 전시했다. 따라서 온전하게 보려면 두 곳을 모두 방문해야 한다.

국립중앙박물관에서는 진품인 왕비의 관식을 좀 더 자세하게 관찰한다. 문양이 복잡해 보이지만 관식의 중앙에 있는 화병을 중심으로 살펴보기 시작한다. 화병의 윤곽선을 따라가면 화병의 모양이 보인다. 그 위쪽으로 올라가면 식물의 줄기가 나오고 줄기 양쪽으로 활달하고 시원한 당초문이 마치 유리잔의 윤곽선 같은 모습을 그리며 위쪽으로 올라간다.

다시 가운데 줄기로 돌아가 줄기를 따라 올라가면 유리잔 모양의

안쪽에 연꽃 한 송이가
활짝 핀 걸 볼 수
있다. 연꽃잎 내부
역시 화병처럼 뚫려서
시원하고 활달한 느낌을
준다. 연꽃 위쪽에는 팔메트
형태의 문양과 당초문이
좌우 대칭으로 묘사되었다. 이

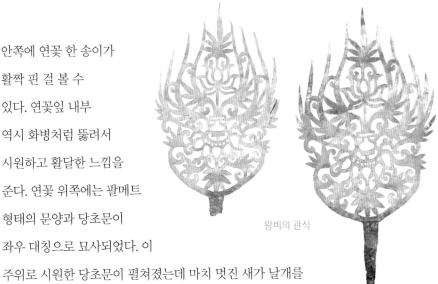

왕비의 관식

주위로 시원한 당초문이 펼쳐졌는데 마치 멋진 새가 날개를
우아하게 위로 모은 것처럼 보인다. 당초문의 잎들은 새의 깃털
같다.

관식을 전체적으로 보면 그 자체로 황금꽃 같다. 관식의 아랫부분은
청동으로 만든 꽂이와 연결되었다.

관식의 고향, 무령왕릉으로 떠나다

두 관식을 살펴보다 보면, 다른 백제 왕들의 무덤은 대부분 도굴당했는데
왜 무령왕릉만큼은 도굴당하지 않았을까 의문이 생긴다. 무령왕릉이
홀로 있던 것도 아니고 공주 송산리 고분군(사적 13호)에 다른 무덤들과
함께 있었다는 사실은 더더욱 아리송하게 만든다. 국립중앙박물관
백제실에서는 무령왕릉의 도면으로 이야기를 풀어나가고,

국립공주박물관에서는 바로 현장으로 간다. 국립공주박물관 이웃한 곳에 송산리 고분군이 자리 잡았다.

"남산 위에 저 소나무 철갑을 두른 듯…." 애국가에 나오는 가사처럼 송산리 고분군에는 소나무가 제법 많다. 이곳에는 무령왕릉을 비롯한 큰 무덤들이 산 능선을 따라 줄줄이 늘어섰다. 이곳에서 무령왕릉이 발견된

송산리 고분군

사연은 널리 알려졌다. 1971년 어느 날 송산리 고분군의 한 무덤(송산리 6호분)에 자꾸 습기가 차 무덤 뒤쪽으로 배수로를 파서 물이 빠져나가도록 공사를 했다. 땅을 파다가 흙이 아닌 딱딱한 부분이 나와 이상하다 싶어 더 파보니까 처음 보는 무덤 입구가 나타났고 그렇게 무령왕릉은 세상에 출현했다.

송산리 고분군에 들어서면 앞쪽에 쌍봉낙타
등처럼 쑥 솟아오른 두 곳이 무덤이란 건
단박에 알 수 있다. 왼쪽 무덤이 송산리
6호분, 오른쪽이 송산리 5호분이다. 이 두
무덤 뒤쪽으로 큰 언덕 같은 게 보인다. 독립된
무덤으로 보이지 않는 이곳이 무령왕릉이다. 앞의 두

무령왕릉 입구

무덤과 달라서 무덤이 아니라 언덕이라고 착각하기 쉽고, 두 무덤이 앞을
떡하니 가로막고 있어서 무덤이라고 생각하기 힘들다. 만약 언덕이 아니라
무덤일 수도 있다고 조금이라도 의심했다면 다른 무덤들처럼 일찍이
도굴을 당했을 가능성이 높다.

그런데 막상 무령왕릉 근처에 가도 무령왕릉이 어떻게 있는지 잘 알기
힘들다. 안내판에 있는 그림에는 무령왕릉 출입구를 무령왕릉이라고
표시했는데 실제로 그 위치를 보면 언덕이 쑥 들어간 부분이다. 이곳을
무령왕릉이라고 착각하기 쉽다. 이럴 때 도면을 같이 보면 이해가 쉽다.
그래서 이곳에 갈 때는 도면을 가지고 가서 같이 살펴본다. 백제를
대표하는 유물이 오랫동안 저 언덕 아래 묻혀있었다는 생각을 하면
기분이 묘하다.

무령왕릉 관식이 주는 선물의 하나는 질문을 하고 답을 찾아 세 개의
장소를 들르는 즐거움이다. 각각의 장소에서 만난 무령왕릉 관식은 서로
다른 모습을 보여준다. 그러면 흩어졌던 퍼즐이 완성된다.

19
세밀의 끝판왕

나는 세밀한 유물을 좋아한다. 보고 있으면 블랙홀처럼 유물 속으로 빨려

들어간다. 첫눈에는 대략적인 인상이 보이고 다시 보면 세부가 보인다.

하나가 보이기 시작하면 꼬리에 꼬리를 물고 다른 부분들이 보인다.

줄줄이 엮인 고구마를 캘 때처럼 일단 걸리면 빠져나올 수 없다. 한번

빠지면 시간 가는 줄 모르고 잡념도 어느새 사라진다.

　박물관에서 일하던 어느 날 여기에 딱 맞는 유물이 나타났다. 병풍처럼

펼쳐서 전시한 '보현행원품'

접힌 책이었다. 천천히 펼쳐 나가자 가려진 면들이 하나둘 나타나면서
수백 년을 품은 책 냄새가 솔솔 올라왔다. 그림을 마주한 순간 "아!" 하는
짧은 감탄이 흘러나왔다. 짙은 군청색으로 물들인 닥종이 위로 보현보살이
살짝 웃음을 머금은 채 "처음 만나 반가워." 하고 말하는 것 같았다. 정신을
차리고 그림을 마저 훑어보는데 이번에는 "아!" 하는 외마디조차 나오지
않았다. 온통 금이었다. 금! 황금 보기를 돌같이 했다는 최영 장군의
시대에 한편에서는 금으로 아낌없이 그림을 그리고 글씨를 썼다. 거침없는
금물결을 이룬 이 책은 고려시대의 불경이었다.

　놀란 건 금 때문만은 아니었다. 그림의 주인공은 불교에서 실천을
상징하는 보현보살이다. 유명한 불교 경전인 화엄경에는 보현보살이
깨달음을 묻는 선재동자에게 열 가지 가르침을 줄 때 모공 하나하나에서
빛이 나와 세상을 비추었다는 기록이 있다. 경전의 기록처럼 보현보살
옆으로 온 세상을 환하게 비추는 금빛 선들이 가득했다. 도대체 이 선들은
몇 개나 될까? 아니, 이걸 사람이 그릴 수나 있는 건가?

　보현보살의 말씀을 살펴보는 대신 그 선들을 몇 번이고 헤아리다
포기했다. 어찌된 일인지 셀 때마다 숫자가 달라졌다. 선이 바뀌는
것은 아닐 텐데. 숫자가 달라져도 보현보살은 어김없이 미소를 보냈다.

"생각보다 힘들지?"라고 말하는 것처럼. 보현보살의 크기는 8.1센티미터로 가운뎃손가락 길이 정도이고, 수평으로 퍼져 나온 빛은 아래부터 위까지 대략 9센티미터 정도다.

안 되겠다 싶어 정밀하게 찍은 사진을 컴퓨터로 확대했다. 모니터의 보현보살은 실제보다 몇 배로 크게 나타났다.

"백이십육!"

차례로 그어진 그 선은 모두 126개였다. 1센티미터마다 평균 14개의 선이 들어있으니 선 하나가 1밀리미터에도 훨씬 못 미쳤다. 이런 가는 선을 뾰족한 펜이 아니라 붓으로 하나하나 그었다. 더군다나 아교가 섞인 금물은 재빨리 그리지 않으면 굳어버린다. 보현보살의 위쪽, 길이 5밀리미터의 나뭇잎 안에 들어있는 10개의 잎맥은 보현보살의 몸에서 뻗어 나온 선보다 더욱 세밀했다.

고개를 절래절래 흔드는데 화면에서는 보현보살이 여전히 웃고 있었다. 이번에는 "놀랍지?"라고 하는 것처럼. 바로 이 경전이 손으로 그림을 그리고 글씨를 쓴, 고려의 대표적인 사경 '감지금니 대방광불화엄경 보현행원품 권34(보물 752호)'였다. 보현보살 아래 등을 돌리고 앉은 사람이 선재동자다. 선재동자는 문수보살의 권유를 받고 수많은 선지식을 찾아다니며 깨달음을 구한다. 선재동자가 마지막에 만난 선지식이 이 사경의 주인공 보현보살이다. 보현보살은 깨달음을 구하는 선재동자에게 실천해야 할 열 가지 일을 알려준다. 이 그림은 바로 그 장면을 묘사했다.

보현행원품 그림 부분

만약 내가 선재동자라면 열 가지 일보다도 어떻게 이런 세밀한 그림을
그릴 수 있는지 알려달라고 물었을 것이다.

"눈으로 보고 있으면서도 믿기지 않는데, 이게 가능한 일인가요? 왜
이렇게 세밀하게 그렸을까요? 눈 대신 마음으로 그리나요?"

가끔 전시실에 이 사경을 전시할 때면 그 앞에 잠시 멈춰 섰다. 그리고
눈으로 선을 하나하나 따라갔다. 보현보살의 입술을 지나 사방으로
뻗은 빛줄기를 헤아리다 선재동자의 뒷머리로 넘어가면 어느새 나도
선재동자처럼 무릎을 꿇고 있는 기분이 들었다. 눈으로 하는 여행은
언제나 보현보살의 미소에서 끝났다.

"세밀가귀, 솜씨가 세밀하여 귀하다고 할 만하다."

12세기 전반 고려 인종 때 고려에 온 북송의 사신 서긍은 고려의 나전을 보고 이렇게 평가했다. 그런데 만약 그가 이 사경을 봤다면 한마디 더하지 않고는 넘어가지 못했을 것이다.

"이것은 인간의 솜씨가 아니다. 신의 솜씨다."

권력자들은 거대한 크기로 사람들을 압도하는 건축물을 만든다. 황남대총이나 미륵사 혹은 종묘가 그렇다. 보는 순간 엄청난 규모에 놀라고 기가 죽는데, 크기로 권력을 과시하는 대표적인 방법이다.

반면 세밀함은 사람들을 반전시킨다. 흘깃 보면 뭉뚱그려 보이지만 잠시 그 앞에 멈춰서 자세히 볼수록 새로운 것이 보여 깜짝 놀란다. '나락 한 알 속의 우주'라는 무위당 선생의 말씀처럼 무심코 넘어갔던 작품 속에 무수한 세상이 들어있다. 인간의 한계를 넘어 극한까지 밀고 간 세계다. 불가능할 것 같은 일들이 실재하는, 경이로운 세계다.

2008년 불교중앙박물관에서 현대 사경 특별전이 열렸다. 전시 제목이 1밀리미터 안에 우주를 담는다는 <일미리중함시방(一米里中含十方)>이었다. 이 안에 우주를 담으려면 연습에 연습을 거듭해야 한다. 지금도 그렇지만 고려 사경을 쓰던 사람도 마찬가지였을 것이다. 노력의 바탕에는 신심이 깔렸다. 그때나 지금이나 고단한 작업을 가능케 하는 원초적인 힘이다. 그래서 한번 절하고 한번 글자를 쓴다는 말이 나오지 않았을까? 그러다 어느 순간 자신을 잊는다.

"1밀리미터 안에 5~10개의 미세한 선을 긋는다. 글과 그림에 집중하다 보면 경계가 환하게 열리는 순간이 있다. 무념무상의 삼매경(三昧境) 같다. 어떤 망상도 들지 않는다."

<일미리중함시방>전의 김경호 작가는 훗날 한 언론과의 인터뷰에서 이렇게 밝혔다. 이런 상태에서는 1밀리미터가 우주처럼 넓은 공간이 된다고 했다. 작가에게도, 고려 사경을 쓴 이에게도 1밀리미터는 제약이 아니라 무한히 열린 공간이었다.

여덟 폭 병풍에 담긴 세상 풍경

보현행원품이 1밀리미터 안에 우주를 담았다면 1밀리미터 안에 인간 세상을 담은 그림이 있다. 국립중앙박물관에 소장된 '태평성시도'다. 8폭 병풍에 2,120명이 만들어낸 도시 유토피아다. 그 세상은 조선과 중국의 도시 풍경이 어우러져 탄생했다.

이 그림을 보다 보면 남태응의 글이 떠오른다. 조선의 화가 윤두서가 그린 작은 그림을 보고 "사람이 개미만 한데도 얼굴을 제대로 갖추고 살아있는 듯하니 묘하구나."라고 평했다. 태평성시도도 볼 때마다 새로운 장면이 보이는데 실학자 박지원도 같은 심정이었다. 그는 이 그림에 영향을 주었다고 하는 중국의 '청명상하도'를 보고 이런 평을 남겼다. "아무리 세심한 마음을 가진 사람이 열 차례 깊이 들여다보고 연구해도 그림을 볼 때마다 놓치는 것이 있어서 오래 완상하지 않을 수 없다."

이 작품을 처음 본 건 2014년 국립중앙박물관에서 개최한 <산수화, 이상향을 꿈꾸다> 특별전에서였다. 그동안 작은 사진으로만 보던 터라 무척 반가웠다. 작은 사진으로 살피기 어려운 인물들의 생생한 표정이 원본에서는 어떻게 보일지 궁금했다. 그 전시에는 내로라하는 중국 회화 작품들도 출품되었지만 내게는 이 작품이 최고였다. 그림 속 사람들은 형식적으로 반복된 사람 1, 사람 2가 아니었다. 다들 무엇인가를 하는 개성 넘치는 사람들이었다. 박지원의 말처럼 볼 때마다 새로운 모습이 보였다. 같은 공간에 전시된 외국 작품의 저작권 때문에 이 작품까지 덩달아 사진 촬영이 금지되어 하나라도 놓칠세라 꼼꼼하게 봤는데도 그랬다. 세밀한 그림도 놀라웠고, 무엇보다 인물 하나하나에 이야기를 부여한 그 힘이 더 놀라웠다. 2,120명이 등장하니까 이 그림에는 2,120개의 이야기와 그만큼의 표정이 있는 셈이다.

다른 작품도 그렇지만 이 작품은 원본을 봐야 생생하다. 전시가 끝나고 또다시 작품을 볼 기회를 고대했다. 마침 2016년 국립중앙박물관에서 열리는 <미술 속 도시, 도시 속 미술> 특별전에 출품된다는 소식이 들렸다. 이번에는 사진을 찍어가며 그림을 샅샅이 보려고 마음먹었다. 드디어 전시회가 시작되었다. 하지만 전시실에 들어서는 순간 기대를 접어야 했다. 이 전시실에 유명한 중국 그림인 청명상하도가 같이 전시되었다. 유물의 보존 관계로 전시실은 어두웠고 사진 촬영도 금지되었다. 혹시나 하고 태평성시도를 살펴보았지만 어두워서 잘 보이지 않았다.

기회는 다시 찾아왔다. 2018년 아모레퍼시픽뮤지엄에서 열린 <조선,
병풍의 나라> 특별전에 태평성시도가 출품되었다. 이 전시는 내게 최상의
조건이었다. 그림을 살펴보기에 조명이 적당했고 병풍이 진열장 가까이에
전시되어 코앞에서 볼 수 있었으며 사진까지 촬영할 수 있었다. 수족관
유리벽에 달라붙은 낙지처럼 진열장 앞에 섰다.

　　다시 본 태평성시도는 그전에 봤던 태평성시도와 또 달랐다. 인물 표정
하나하나가 살아났다. 병풍에서는
분주한 도시의 소리가 곳곳에서
들려왔다. 큰 서당 앞이 왁자지껄하다.
아이들 사이에 싸움이 벌어졌다.
무슨 일 때문인지 또래 아이 둘이
머리를 움켜잡았다. 이 장면을 본 한

태평성시도 중 싸움

아이가 재빨리 말리고 있고 또 다른 아이는 마침 서당을 나서는 어른에게
아이들이 싸운다고 말하는 중이다. 서당 안에서는 글 읽는 소리가, 서당
밖에서는 싸움하는 소리가 울린다. 학교 다닐 때 풍경이 떠올랐다.

태평성시도 중 제기차기

　　이번에는 제기 차는
소리가 들린다. 두 아이가
제기를 찬다. 방금 제기를 찬
왼쪽 아이 얼굴이 여유롭다.
그런데 그림 오른쪽 한구석에

있는 아이 얼굴이 심각하다.
이 판에 끼지 못했는지,
내기에서 졌는지 한창 제기
차는 연습 중이다.

태평성시도에는 그
이름처럼 번화한 상가들이
줄줄이 늘어섰다. 그중의

태평성시도 중 안경점

하나가 안경점이다. "앞이
환하게 보여!" 탁자에는 안경이 늘어섰고 위에는 안경집이 걸렸다.
안경을 쓰고 걸어보는 사람들은 이제야 앞이 잘 보인다는 듯 다들 표정이
밝다. 우리가 처음 안경을 썼을 때처럼 이들도 조심조심 발을 내딛는다.
안경이 떨어질 새라 한 손으로 안경을 꼭 쥐었다. 그런데 이제 막 계단을
내려가려는 사람은 잠시 뒤 비명을 지를지 모른다. "으악!" 그의 한 걸음
앞은 계단이 아니라 허공이다.

"비켜요, 비켜요. 화분 가요."

들것을 앞뒤로 들고 옆에서는 넘어지지
않도록 잡고 화분 배달을 가는 중이다.
혹시라도 쓰러질까 조심스럽다. 당시 한양의
지식인들 사이에 화분 열풍이 불었다. 매화,
석류, 소나무로 정원을 꾸미고 화분으로 정원을

태평성시도 중 화분 배달

장식했다. 경제력이 높아지면서 지식인 행세를 하려면 이쯤은 해야 하는 시대였다. 그 때문인지 김홍도는 그림값으로 받은 3,000전(약 30냥) 가운데 2,000전으로 매화 화분을 샀다는 전설 같은 이야기도 전해진다.

"영차, 영차!"

열두 명이 젖 먹던 힘을 다해 줄을 당긴다. 팽팽한 줄에 온몸을 실었다. 녹로로 무거운 물건을 들어 올리는 현장이다. 녹로는 녹로 자체의 모습은 전하지만 어떻게 사용했는지 알려주는 그림이 거의 없었다. 늘 이 점이 아쉬웠다. 그러다 이 장면을 보면서 조선 후기 삶의 현장을 담은 태평성시도가 널리 알려지고, 특히 역사 교육 현장에서 활발하게 사용되기를 바랐다. 18, 19세기 조선의 도시 문화를 이 그림만큼 잘 드러낸 그림도 드물다.

태평성시도 중 녹로

2020년 5월에 국립중앙박물관 디지털 실감영상관이 개관했다. 실감영상관2에 태평성시도가 고해상으로 구현되었다. 새로운 기술을 이용해 흐릿한 장면들을 선명하게 만들었다. 눈을 부릅뜨지 않아도 잘 보였다. 화면 위에 각 장면을 응용한 게임 요소가 덧붙여졌고 일정한 시간이 지나면 도시에 밤이 오고 다시 날이 밝아지도록 만들었다.

국립중앙박물관 실감영상관의 태평성시도

태평성시도의 새로운 발견과 활용이었다. 이 영상을 보면서 고해상 사진을
이용해 역사 교육 자료를 만들고, 그 자료가 교육 현장에 활용되었으면
하는 바람이 들었다. 2014년부터 2020년까지 내가 만난 태평성시도는
계속 변화했다.

　세밀한 그림은 정직하다. 한번에 모든 걸 보여주지 않는다. 보는 만큼
보인다.

20

청자의 빛깔 찾기

이렇게 자주, 게다가 많이 볼 거라고는 첫 출근을 할 때만 해도 예상하지 못했다. 게다가 보는 데 질려서 "이렇게 많았단 말이야?" 하고 놀라리란 것 역시 그랬다. 고려청자 이야기다. 호림박물관에는 한국 도자사에 소개되는 뛰어난 청자가 적지 않았고 이에 견줄 만한 청자 역시 만만치 않게 많았다. 때로는 보지도 듣지도 못한 청자를 만나기도 했다.

자주 봐서였을까, 어느새 청자에 정이 들었다. 청자를 보면 친근하고 반가운 마음이 앞섰고, 청자를 볼 때면 습관처럼 윗부분부터 굽까지 이리저리 어루만졌다. 비록 도자기는 무기물이지만 손에 딱 달라붙는 감촉 속에 그 청자의 역사가 묻어나는 것 같았다. 청자를 보면 꽁꽁 언 강을 들여다보듯 유약 아래를 살펴본다.
처음에는 눈으로 보고 나중에 작은
확대경인 루페로 본다. 루페로 본
유약의 세상은 비밀을 간직한 작은
우주 같아서 시간 가는 줄 모르고
빠져든다.

청자 단면

청자의 색을 어떻게 표현할 수
있을까? 흔히 백자는 희다고 말하고
청자는 푸르다고 말한다. 그런데
그 푸른색을 다른 말로 표현하라고

청자 표면

하면 적당한 말을 찾기 어렵다. 푸른빛은 녹색이나 파란색 등 특정한 색을
말하는 듯싶지만 또 다른 뉘앙스가 담겼기 때문이다. 푸른 하늘, 푸른 숲,
푸른 물이라는 말처럼 푸르다는 말에는 그 색 자체와 더불어 '깊다'는
뜻이 강하게 담겼다. 옅은 색에서 진한 색으로 변하는 빛의 느낌도 담았다.
'깊다'는 공간과 시각의 변화를 담은 말이기도 하다. 그래서 푸르다는
형용사면서 동사다.

청자는 어떻게 깊은 색을 내는 걸까? 청자의 단면을 보면 밝은 회색
몸통에 푸른색이 살짝 감도는 얇은 유리(유약)가 덮였다. 어떻게 이런
두께로 깊은 색을 낼 수 있는지 고개가 갸우뚱해진다. 비밀은 한눈에
보여주지 않는다. 유리 속을 자세히 보면 작은 방울들이 수없이 들어있다.

제작 과정에서 발생한 수많은 방울이 속을 훤히 보여주지 않는 역할을 할 뿐만 아니라 빛을 퍼지게 한다. 깊음의 비밀은 여기에 있다.

깊은 청자의 색은 외부의 빛에 무척 예민하다. 조명에 따라 청자의 느낌이 순식간에 바뀌어 사진을 촬영할 때도, 전시할 때도, 도록을 만들 때도 까다롭다. 그 자체로 반짝반짝 빛나는 백자, 어느 빛이든 무난하게 소화하는 무던한 분청사기와 다르게 까다롭기 그지없다. 스펀지처럼 빛을 빨아들여 마치 그 색이 원래 자기 색인 체한다.

예민하고 미묘한 청자의 색을 살리기 위해서는 그만큼 예민해야 한다. 청자의 정확한 색감을 알지 못하면 낭패를 당하기 쉽다. 도록에 실릴 사진을 촬영할 때면 아무리 사진의 대가라도 시간이 제법 걸린다. 여기서 끝이 아니다. 도록을 인쇄할 때 인쇄기가 청자의 색을 제대로 구현하는지 확인한다. 조명의 종류에 따라 도록에 실린 청자의 색이 달라 보이는데, 보통 많이 쓰는 형광등을 기준으로 색을 조절한다.

사진이나 도록뿐만이 아니다. 전시에서도 청자의 색을 신경 써야 한다. 붉은색 조명을 사용하면 붉은색 청자가 되고 푸른색 조명을 사용하면 지나치게 푸른 청자가 된다. 청자 본연의 빛깔을 살리면서 차가워 보이지 않아야 좋다. 박물관에서도 청자를 볼 때면 먼저 조명의 색을 확인하고 그 색을 감안해 보곤 한다.

까다롭고 예민하고 매력적인 이 색을 고려 사람들은 '비색'이라고 불렀다. 이 말을 들으면 알 수 없는 비밀스러운 색이란 뜻으로 받아들여

고려청자의 신비감이 더 높아진다. 그러나 이 말은 흔히 생각하는 비밀스러운 색, 비색(秘色)이 아니라 비색(翡色)이다. 비밀 비자를 쓰는 비색(秘色)은 조선 사람이나 중국 사람들이 고려청자를 칭할 때 썼다.

고려 예종 때 고려에 온 북송의 사신 서긍은 고려에서 보고 들은 모든 것을 책에 담아 북송의 황제에게 바쳤다. 바로 《선화봉사 고려도경》이라는 방대한 책이다

"도기의 빛깔이 푸른 것을 고려인은 비색(翡色)이라고 하는데 (陶器色之青者。麗人謂之翡色), 근년의 만듦새는 솜씨가 좋고 빛깔도 더욱 좋아졌다."

이 책에서 처음으로 비색(翡色)이라는 말이 등장한다. 연구자들은 이 비색을 보통 비취색 즉 옥의 색으로 해석한다. 원래 비취(翡翠)는 옥이 아니라 녹색과 파란색 깃털이 아름다운 새인 물총새를 뜻하는데 나중에 옥이란 뜻이 추가되었다.

이 책에 등장하는 '비색'을 두고 달리 해석하기도 한다. 즉 비색이 색을 뜻하기보다 푸른색 자기 자체 즉 청자 자체를 뜻하는 말이라고 보는 견해도 있다. 좀 더 상상력을 발휘하자면 당시 고려청자가 중국의 청자와 다른 신비한 색을 담았다는 자부심에서 오묘한 빛깔로 유명한 물총새에 빗대 비색이라고 했을지

물총새

모르겠다.

중국 사신 서긍을 놀라게 만든 고려청자는 어떻게 획기적으로 발전할 수 있었을까? 도자사 연구자 이희관 선생의 의견(《황제와 자기》, 경인문화사, 2016)에 따르면 고려의 예종과 북송의 휘종과의 관계에서 실마리를 찾을 수 있다. 고려의 예종은 중국의 문물을 받아들이려고 무척 노력했다. 당시 북송의 휘종은 고려와의 교류에 무척 우호적이었다. 게다가 두 사람은 도교에 심취했다. 도교로 두 사람은 서로 호감을 가졌을 가능성이 높다. 공교롭게도 도교에서는 옥과 청색을 무척 중요시했다. 그래서였는지 몰라도 휘종은 당시 청자 수준을 최고로 끌어올렸다. 이때 황실에서만 사용하던 청자를 고려의 예종에게 주었을 가능성이 높다. 예종은 이 청자를 바탕으로 강진을 최고의 청자를 만드는 거점으로 육성했던 것 같다. 그 결과 중국의 비색(秘色)과는 다른 고려의 비색(翡色)을 만들어냈다.

천천히 봐야 드러나는 비색

우리나라에서 비색 청자를 가장 많이 볼 수 있는 곳은 국립중앙박물관 청자실이다. 이 전시실은 내가 좋아하는 곳이기도 하다. 비색 청자들은 벽에 붙은 진열장과 기둥처럼 서있는 단독 진열장에 전시되었다. 특히 단독 진열장 사이를 오가다 보면 푸르게 물든 숲을 산책하는 것 같다. 숲 산책을 할 때 상쾌한 기분이 들듯 비색 청자 사이를 누비면 기분이 좋아진다. 비색 청자의 힘이다. 그 색을 무엇이라 표현하든 그 색은 사람을 안정시키는 효과가 있다.

이곳의 비색 청자 가운데 지나치지 않는 청자가 있다. 단독 진열장에
전시된 죽순을 닮은 주전자(청자 죽순모양 주전자, 보물 1931호)다. 실제
죽순보다는 풍만하게 만들어 커다란 물방울처럼, 꽃봉오리처럼 보인다.
커다란 죽순잎, 잎에 난 수많은 잎맥, 뚜껑 끝부분을 장식한 뾰족하게
갈라진 잎을 보고 있으면 진짜로 죽순을 꼼꼼하게 관찰한 뒤 핵심

청자 죽순모양 주전자

죽순이 자라는 모습

포인트를 잘 살려 표현했구나 감탄하게 된다. 또한 잎끝이 수염처럼 늘어지거나 또 삐죽이 솟은 걸 보고 있으면 이 작품을 만든 도공의 재치에 놀란다. 색은 깊고 푸르러 보고 있으면 눈이 그 색으로 물드는 것 같다.

많은 청자 가운데 이 작품에 빠진 건 뛰어난 수준 때문이기도 하지만 한때 죽순이 자라는 모습이 신기해 날마다 관찰했던 경험 덕분이다. 매일 죽순을 보면서 옛말 "미친 듯이 솟아난다."는 표현이나 '우후죽순'이 전혀 과장이 아니라는 걸 알게 되었다. 죽순을 관찰하다 보니 그전에는 눈에 들어오지 않던 부분들이 새롭게 보이면서 비로소 죽순모양 주전자를 제대로 이해할 수 있었다. 국립중앙박물관 입구 경사로에 죽 늘어선 대나무 화분에서 죽순이 얼굴을 쏙 내밀 때면 나도 모르게 이 청자 앞으로 발걸음이 향한다.

우리나라 최고의 청자를 꼽는다면, 인종의 무덤인 장릉에서 나왔다고 전해지는 참외모양 병(청자 참외모양 병, 국보 94호)과 간송미술관에 있는, 학이 가득 있어 천 학의 매병이라고 부르는 '청자 상감운학문 매병'이 앞자리를 겨룰 것이다. 청자 상감운학문 매병은 국립중앙박물관에서 열린 <천하제일 비색청자> 특별전 때 많은 사람들이 연예인과 사진을 찍듯 이 작품과 사진을 찍는 걸 보고 그 위상을 확인할 수 있었다.

반면 참외모양 병은 비색 청자를 대표하는 인기 스타로 여러 책에 꼭 실리지만, 정작 사람들은 이 청자 앞에서 오래 머물거나 큰 감동을 받는 경우가 많지 않다. 국립중앙박물관 청자실에 전시된 이 작품은

청자 상감운학문 매병처럼 한눈에
자기의 매력을 보여 주지 않는다. 처음부터
크기로 눈길을 끌지도, 화려한 색으로
발걸음을 잡지도, 도드라진 무늬로 관심을
사로잡지도 않는다. 그러나 멈추고 볼
때마다 진짜 모습을 조금씩 보여준다.
어느 날은 참외같이 탄력적인 몸통이, 또
어느 날은 대나무 같지만 부드럽게
휘어져 올라가는 목이, 또 어느 날은
사뿐사뿐 일렁이는 물결 같은 입이,
또 어느 날은 주름치마 같은 받침이,
또 어느 날은 볼수록 빠져드는 색이
눈에 들어온다. 참외모양 병은 보면
볼수록 색, 비례, 양감, 균형이 거의
완벽한 조화를 이뤘다.

　참외모양 병은 볼 때마다 질문을
부른다. 저 입은 나팔꽃일까, 고려시대에도
참외가 있었을까, 저 병의 용도는 진짜
꽃병일까, 치마 주름 같은 처리는 어디에서
힌트를 얻었을까? 그러던 어느 날 갑자기

청자 참외모양 병

뭔가 눈에 들어왔다. 국립중앙박물관 2층에 있는 기증실을 둘러보다 숨이 멎는 듯했다. 진열장 안에 송나라 때 만든 넓적한 벽돌이 있었는데, 거기에 화려한 꽃 두 송이가 꽂힌 참외모양 병이 새겨져있었다. 이 병은 진짜 꽃병이었다.

"고려 미술 하면 뭐가 떠올라요?"라고 물으면 "고려청자요!"라고 대답하는 사람들이 제법 많다. 이처럼 고려청자는 고려 미술을 대표하는 문화유산으로 굳건히 자리 잡았다. 그러나 청자 전시실에서 만난 현실은 사뭇 달랐다. 사람들은 청자를 스치듯 지나간다. 나 역시 오랫동안 그랬다. 모든 유물이 그 앞에서 멈춰서야 제 모습을 보여주지만 청자는 더더욱 그렇다. 발걸음을 멈추고 찬찬히 들여다봐야 비로소 비색이 나타난다.

21
내가 초대하는 그림들

국립중앙박물관 회화실에 갈 때면 혹시 볼 수 있을까 내심 기대하는
그림들이 있다. 김홍도의 '단원 풍속도첩(보물 527호)'과 정선의 '신묘년
풍악도첩(보물 1875호)' 중 '단발령망금강'이다. 물론 볼 수 있는 확률이
적다는 걸 알면서도 그렇다. 실제로 본다면 좋겠지만 기대만으로도 기분이
좋아지는 마법 같은 그림이다. 운 좋게 이 그림들을 만나는 날이면 횡재한
것 같다. 그럴 때면 진열장에 코를 박고 본다.

　이 그림들 외에도 가슴 뛰는 그림들이 여럿이다. 이인문의 대작
강산무진도, 전기의 매화초옥도, 김수철의 산수도를 보는 날은 행복지수가
높다. 그래도 앞서 이야기한 두 그림이 사람들과 같이 그림 읽기를 할

때 더 자주 초대된다. 사람들이 사진으로나마 자주 접하는 데다 같이 이야기를 나눌 재미있는 요소들이 많아서다. 확률은 적지만 운이 좋다면 전시실에서 실제로 볼 수 있다. 특히 단원 풍속도첩은 다른 그림보다 수량이 많아 볼 확률도 높다(박물관에서는 단원 풍속도첩의 전시 기간을 알려주기도 한다).

단원 풍속도첩은 온 국민의 그림이다. 씨름, 무동, 서당, 새참 등이 특히 유명하지만 나머지 그림들도 만만치 않다. 그림 25점을 모두 연결하면 김홍도가 보았던 어느 마을의 파노라마가 완성된다. 또 시간적으로 봄부터 가을까지 계절마다 일어난 일들로 빼곡하다. 그래서 풍속도첩은 한두 점만 봐도 좋지만 25점 모두 보았을 때 진가가

단원 풍속도첩 전시

드러난다. 그림을 보고 나면 삶의 퍼즐이 완성되는 느낌이다.

옛 그림 중에서 이 풍속도첩이 가장 범용성이 높다. 그래서인지 김홍도 시대에도 인기가 높았을 테지만 200여 년이 지난 지금도 역시 인기가 남다르다. 초등학생부터 노인까지 이 그림을 모르는 사람이 없다. 초등학생이 보았을 때에도, 어른이 보았을 때에도 즉각 반응이 온다.

그림 설명을 하지 않아도 그림에서 벌어진 상황을 대충 파악한다. 알고 있으면 관심이 높아져 그림에 대한 이야기를 하면 누구나 귀를 쫑긋한다. 설명하기도 전에 즉각적인 반응이 오는 이 그림은 같이 이야기를 나누기에 최적화되었다.

범용성의 핵심은 뭘까 궁금했다. 그림 속 등장인물들은 마을 사람들이다. 신분제 사회였기 때문에 신분의 차이는 있었지만 신분이 높다 해도 위세를 떨치던 고관대작이 아니다. 눈을 돌리면 만날 수 있는 이웃이다. 나와 같은 세계의 사람들이 당당히 그림의 주인공으로 등장했다. 또 하나 놀라운 건 아이들이 대거 등장한다는 점이다. 아이들은 주연이나 조연을 맡으며 그림에서 한자리씩 차지한다. 단, 여자아이는 매우 드물다.

김홍도는 보통 사람을 특별하게 만드는 재주가 뛰어났다. 사회적인 가면을 벗고 속마음을 얼굴로 몸으로 드러내도록 했다. 무표정한 가면을 쓰고 있는 사람은 재미없고 눈길을 끌지도 못한다. 유튜브 영상처럼 조회수를 높이는 방법을 그는 알았다. 울고 웃고 당황해하는 얼굴은 가면 뒤에 숨은 나와 우리의 얼굴이다. 이 얼굴을 보는 순간 감정을 이입하고 공감한다.

사회적인 가면은 극적인 순간에 벗겨진다. 감정을 드러낼 수밖에 없는 결정적인 순간을 날카롭게 포착해야 한다. 별일 없이 그날이 그날일 것 같고 그 일이 그 일일 것 같은 일상사의 틈을 날카롭게 비집고 들어가 결정적인 대목 한자락을 펄떡펄떡 살아있는 채로 꺼내오려면 촉수를 예민하게 뻗어야 한다. 만약 김홍도가 이 시대에 태어났다면 결정적 순간을 포착한 브레송 같은 사진작가가 되었거나 시사만화가가 되었을 거란 상상을 해본다. 아니면 연극연출가도 제격이다.

등장인물들은 배역을 맡은 연극배우들 같다. 필요 없는 사람 없이 모두 각자 주어진 역할을 소화하는 중이다. 대사는 없지만 얼굴 표정이나 자세로 이야기를 전한다. 각자 역할에 따라 적당한 위치에 선 배우들처럼 그림 속 인물들도 각자 자기 자리에서 열연을 펼친다.

사람들이 있는 위치를 선으로 그어보면 구도가 그려진다. 구도는 그림의 전체적인 분위기를 만들어낸다. '씨름'처럼 동그란 구도에서는 팽팽한 긴장감이 높아지고 '새참'처럼 엑스자 구도에서는 사람들 표정이 하나하나 살아난다.

보는 사람을 감상자로 만들 것인가 참여자로 만들 것인가. 한 발 떨어져 감상하는 그림이라면 굳이 고민하지 않아도 된다. 그런데 풍속도첩은 감상이 되지 않는다. 한 발 더 다가가 수수께끼를 풀도록 만든다. 어느새 무슨 장면인지 파악하고 그 분위기를 떠올려보고 등장인물들의 표정과 자세를 읽어나간다. 그러는 사이 그림을 샅샅이 뜯어본다. 호미질을 하다 보니 밭고랑을 다 맨 것과 같다. 보는 사람을 능동적으로 만드는 힘이 이 그림의 진짜 힘이다. 그림을 뜯어보면서 자기도 모르게 웃는다. 김홍도가 그림을 그린 최종 목적이다.

광범위한 지식을 자랑하던 실학자 서유구는 《임원경제지》에서

부녀자와 어린아이도 김홍도의 그림을 펼치기만 하면 입이 벌어지고

단원 풍속도첩 중 '씨름'

고개를 끄덕이지 않는 사람이 없었다고, 근래에 이런 평가를 받은 사람은 김홍도뿐이라고 기록했다. 그때 사람들뿐인가. 우리도 마찬가지다.

많은 사람이 이 그림을 보고 여러 분야에서 연구를 했다. 그래서 연구가 될 만큼 되었다고 막연히 생각했는데 나의 오산이었다. 몇 해 전 <옛 문화재 속에 보이는 아이들>이라는 주제로 특강을 했다. 마침 아이들에 관심이 많았던 터라 단원 풍속도첩에 보이는 아이들을 꼼꼼하게 살펴보았다. 아이가 태어나서 자라고 어른이 될 때까지 겪는 일들이 그림 속에 보였다. 아이들의 얼굴, 옷차림, 행동으로 대략적인 나이를 추정해 나이순대로 그림을 이어보았다. 한 편의 성장사였다. 풍속도첩은 당대의 생활을 그린 것이기 때문에 다양한 이야기들이 숨었고, 미처 발견하지 못한 이야기들도 여전히 남아있다. 그렇기에 앞으로도 끊임없이 재해석될 것이다. 단원 풍속도첩은 시대를 뛰어넘는 이야기의 화수분이다.

말을 걸고 말하기 좋은 그림들

단발령망금강은 단원 풍속도첩처럼 작은 그림이다. 전시실에서 이 그림을 처음 봤을 때 정선의 대표작인 '금강전도(정선 필 금강전도, 국보 217호)'와 '인왕제색도(정선 필 인왕제색도, 국보 216호)' 못지않게 울림이 컸다. 가슴이 뻥 뚫렸다. 정선과 함께 단발령에 올라가 금강산을 아스라이 보는 듯했다. 이 고개에 올라 금강산을 보는 순간 머리를 깎고 승려가 되어 금강산에서 살고 싶은 마음을 불러일으킨다 해서 얻은 단발령이란 이름이 과장이 아니었다. 작은 그림에 담아낸 공간의 깊이감이라니! 그 뒤 이 그림은 나의 그림 이야기에 자주 초대되었다.

　이 그림의 진가는 눈앞에 실재하는 장면을 감동을 담아 그렸다는 점이다. 조선 후기, 여행을 위한 여행의 시대가 펼쳐지면서 산수화도 이전과 달라졌다. 마음을 닦고 호연지기를 키우고 선인의 자취를 따르고

신묘년 풍악도첩 중 '단발령망금강'과 언덕 부분

문장력을 높이려는 산수유람은 서서히 여행을 위한 여행이 되었다. 그러면서 와유하고 소요유하는 관념 속의 산수화가 아니라 직접 보고 느낀 걸 드러낸 산수화가 등장했다. 내가 직접 보고 느끼는 것이 중요시되면서 여행은 문인들의 욕망이자 새로운 문화로 자리 잡았다. 핵심 여행지인 금강산과 관동팔경을 비롯해 한양 가까이 개성부터 멀리 지리산까지 여행지로 부각되었다. 직접 보고 듣고 느낀 것을 담아낸 산수화가 이전의 산수화와 같을 수는 없었다. 진짜 풍경과 느낌이 그림 속에 솔직하게 스며들기 시작했다.

이런 점에서 등장인물들이 특별하다. 단발령 고갯마루에 개미 같은 사람들이 보인다. 그들은 멀리 금강산을 바라본다. 조용하고 절제된 분위기에서 고담준론을 논하던 이전 산수화와 분위기가 사뭇 다르다. 고갯마루에 오른 사람들은 금강산을 바라보며 "야호!"를 목 놓아 외쳤을지 모른다. 중국 옷을 입고 조용하게 이야기를 나누거나 자연을 관조하는 이전의 산수화 속 인물과는 다른, 자신의 욕망을 과감하게 밖으로 드러내는 새로운 인간이다. 그들은 조선 옷을 입고 내 발로 가서 내 눈으로 보고 그 감동을 글과 그림으로 남겼다.

여기에서 또 한 부류의 사람들을 놓치면 곤란하다. 고갯마루 한편에 작은 남여가 놓였고 그 곁에 머리 깎은 승려들이 서있다. 양반들이 탄 남여를 메고 여기까지 오른 승려들이다. 당시 금강산 승려들은 양반이 오면 할 일이 많았다. 먹이고 재우고 안내하고 남여에 태우고 날라야

했으니까. 그들에게 금강산은 감동의 공간이 아니라 고난의 일터였다.

이 그림에는 정선이 애써 의도하지는 않았겠지만 신분제 사회의 실상이

그대로 드러났다.

승려들은 금강산 어디까지 양반들을 모시고 다녔을까? 단발령망금강과

같이 봐야 할 그림은 같은 화첩에 실린 '백천교'다. 백천교는 금강산

여행이 마무리되는 금강산 여행 최종 환승센터다. 그림에서 금강산

신묘년 풍악도첩 중 '백천교'

여행을 온 양반은 모두 네 명이다. 그들은 계곡 바위에 앉거나 서서 이야기를 나누고 있다. 그들 왼쪽 숲 부근에 그들이 타고 다니던 남여 네 대가 주차했고, 주위에 승려들이 모였다. 내금강을 유람할 때는 장안사의 승려들이, 외금강을 둘러볼 때는 유점사의 승려들이 동원되었다. 장안사와 유점사의 경계 지점에 남여 환승센터가 있었다. 이 그림 속 승려들은 유점사 소속 승려일 것이다. 계곡 건너에는 나귀들이 기다린다. 양반 숫자에 맞게 모두 4마리다. 승려들이 맡았던 임무를 이제 그들이 맡는다. 나귀들은 얼마 뒤 닥칠 자신의 시련을 아는지 모르는지 여유롭다. 양반들이 계곡을 건너가는 순간 나귀나 시종이나 좋은 시절은 끝난다.

이 그림들은 말걸기도 좋고 말하기에도 좋다. 내가 이 그림들을 그림 읽기에 초대하는 이유다.

22
시대를 담은 백자 반합

'이 유물'을 처음 봤을 때 숨이 턱 막혔다. 아니, 압도당했다. 사람을 압도하는 기운이 똘똘 뭉쳤다가 사정없이 쏟아지는 것 같았다. 크기 때문이었을까. 크기라면 이 유물보다 큰 작품들이 손꼽을 수 없을 정도로 많다. 물론 같은 종류의 그릇보다 월등히 크기는 하다. 크기만 크다고 사람을 꼼짝 못하게 만드는 기운이 뿜어 나오는 건 아니다. 그렇다면 나를 사로잡은 기운의 정체는 무엇이었을까?

이 유물은 바로 조선 전기에 만들어진 '백자 반합(보물 806호)'이다. 반합은 밥그릇으로, 같은 시대의 백자나 분청사기 밥그릇과 비교해보면 입이 쩍 벌어질 정도로 크다. 밥그릇이라기보다 차라리 작은 밥솥이라는

백자 반합

말이 더 어울린다. 아무리 밥심으로 사는 민족이고 밥을 많이 먹었어도 한 끼를 이 정도로 먹기는 힘들다는 점에서 대체로 왕실에서 제기로 사용한 것으로 추정한다. 크기에 놀라고 이어 희디흰 색에 다시 놀란다. 백자라고 다 같은 백자가 아니다. 백자의 흰색은 시대마다 다르고 느낌도 다르다. 종종 연구자들은 온도의 느낌을 빌어 차갑다 또는 따뜻하다라고 표현하는데, 그런 표현을 따르면 차가움에 가깝고, 거기에 이지적이라는 말을 덧붙여야 느낌이 잘 살아난다.

도자기는 대부분 곡선으로 이루어진다. 이 곡선이 어떤 선을 그리는가에 따라 도자기가 전하는 힘이 달라진다. 백자 반합이 그리는 선의 궤적은 넘치지도 모자라지도 않고 적절하게 균형 잡혔다. 마치 현악기의 줄을 조율할 때처럼 지나쳐 끊어지지도 모자라 늘어지지도 않는 딱 경계의 극대점에 서있다. 그래서 팽팽한 긴장감이 감돈다. 실제로 만져보면 두 손바닥에 꽉 찬 느낌이 가득하다.

　색과 선과 양감, 이 셋이 기가 막히게 어울려 사람을 옴짝달싹하지 못하게 만드는 기운을 쏟아낸다. 이 기운에는 목에 칼이 들어와도 타협하지 않고 원칙을 지키겠다는 결연한 의지가 깃들었다. 또 이 힘을 반합을 보는 사람에게 전하겠다는 의지마저 엿보인다. 아무 그림도 없는 흰색과 흐트러짐 없는 선은 다른 장식으로 나를 가리지 않겠다는, 이것저것으로 본질을 덮지 않겠다는 것처럼 보인다. 껍데기를 벗어던지고 본질을 추구하겠다는 자세처럼 보인다.

　그래서 그럴까, 이 반합은 어딘지 조선의 선비를 닮았다. 남들이 보든 보지 않든 원칙에 충실하고 사치스럽지 않은 삶의 태도, 성리학자로서 학문의 본질을 묻고 찾겠다는 결연한 태도. 조선의 관료나 문인이라는 이름이 주는 이미지와는 분명히 다르다. 특히 티끌 한 점 없는 흰색은 선비를 상징하는 대표적인 색으로 인식되었다. 조선을 건국한 성리학자들이 새로운 시대의 그릇으로 백자를 선택한 것은 국제적인 흐름이기도 했지만 그들이 추구한 가치를 백자에 부여했기 때문이었다.

"이 술잔은 맑고 티가 없어서, 술을 따르면 티끌이나 찌끼가 다 보인다. 이를 사람에게 비유하건대, 마치 대공지정(아주 공평하고 지극히 올바르다)하여 한 점의 허물도 없게 되면 선하지 못한 일들이 용납될 수 없는 것과 같다."

1491년 성종은 지금의 대통령 비서실과 같은 승정원에 백자 잔을 하사하면서 백자에 이런 가치를 부여했다.

이 즈음에 만들어진 백자가 이 백자 반합이다. 반합에서 풍기는 기운은 이러한 시대 분위기에서 나왔다. 이 시기에 만들어진 백자나 전후한 시기에 만들어진 수많은 백자 가운데 이 작품만큼 엄정한 분위기를 전하는 작품을 만나지 못했다. 조선의 인물로 따지자면 이 백자와 비슷한 시기를 살다간 조광조가 떠오른다. 그는 조선 역사상 가장 개혁적인 인물로 평가받는다. 성리학적 이상사회를 꿈꾸며 왕에게도 그러한 삶을 요구한 원칙론자로, 비타협적으로 개혁을 밀어붙였다.

"신이 듣건대 세종 때 황희나 허조 같은 이는 세종께 작은 잘못이 있어도 대간을 기다리지 않고 곧장 빈청으로 가서 직접 논계했다 합니다. 그리하여 윤허를 얻지 못하면 물러가지 않고 계속 앉아 있다가 기어이 윤허를 얻고서야 물러갔다 합니다. 집으로 물러나온 뒤에도 의관을 정제하고 앉아 잠도 제대로 못 자며 잠시도 국사를 잊어본 일이 없다 합니다. 대신은 진실로 이와 같아야 하는 것 아니겠습니까?"

1518년 5월 20일 조강에서 조광조는 중종에게 이렇게 말했는데, 왕 앞에서도 주눅 들지 않고 원칙과 태도를 중요시한 그의 태도를 보는 것 같다. 결국 중중에 의해 비극적으로 삶을 마감했지만 그는 조선시대 선비의 상징으로 오랫동안 칭송받았다.

일반 관람객은 뚜껑이 덮인 백자 반합만 본다. 뚜껑을 연 채 전시하지는 않으니까. 그런데 뚜껑을 열면 어떤 모습일까? 처음 뚜껑을 열었을 때 화들짝 놀랐다. 몸통의 테두리가 완벽하게 동그랄 줄 알았는데 웬걸, 약간 일그러졌다. 겉모습에서 느껴지는 완벽한 이미지의 반전을 보는 듯했다. 완벽해 보이는 사람의 인간적인 모습 혹은 빈틈을 보았다고나 할까. 원칙을 중시하고 욕심을 버리려고 하지만 완벽하게 이루지 못하는 인간의 모습 같기도 하고 반대로 빈틈마저 수용하는 완벽함으로 보이기도 했다.

퇴계 이황은 율곡 이이와 더불어 조선 성리학의 거목이자 대표적인 도학자다. 백자 반합의 겉모습이 조광조를 닮았다면 속모습은 어딘지 이황을 닮았다. 대학 다닐 때였든가 얼핏 들었던 그의 일화가 떠올라서다. 낮에는 두말할 것 없는 점잖은 성인군자였지만 밤에는 색을 밝힌다는 말을 들을 정도로 요란스러웠다는 이야기다. 설화로 전하는 이야기라 실제 여부를 논할 수는 없지만 이 이야기를 들었을 때 신의 세상에 있던 이황이 인간 세상으로 내려오는 것 같았다.

'그럼 그렇지. 이황도 사람이었네.'

백자 반합을 만난 뒤 아무 문양이 없는 순백자를 보면 일단 멈추고 유심히 살펴보았다. 이 백자 반합과 견줄 수 있으면서 이 시대를 상징할 수 있는 작품인지 나름대로 판단해보기 위해서였다. 티끌 하나 없이 맑고 깨끗한 백자, 어깨선이 당당한 듬직한 백자 항아리, 윤곽선이 탄력적으로 내려오는 균형 잡힌 백자 병, 입에서 굽까지 긴장감이 넘쳐 탄성을 부르는 백자 대접을 만났다. 이 작품들은 저절로 눈길이 가는 명품들이었고 각자 뛰어난 매력을 마음껏 드러낸 작품들이었다. 그러나 그중 극히 일부만 백자 반합에 견줄 수 있었고 이 백자를 넘어서는 작품은 만나지 못했다. 아름다운 백자는 여럿이지만 시대의 분위기를 고스란히 담아 드러내기는 어려웠다.

2005년, 그해는 세계 3대 국제도서전인 프랑크푸르트 국제도서전에서 한국이 주빈국을 맡았다. 주빈국이 되면 주빈국과 관련한 여러 가지 문화행사가 펼쳐지는데, 프랑크푸르트 시립공예박물관에서 한국의 문화를 소개하는 두 가지 특별전을 준비했다. 조선시대 도자기와 불교회화 특별전이었다. 전시를 준비하기 위해 프랑크푸르트 시립공예박물관 큐레이터가 호림박물관을 방문했다. 전시를 둘러보던 그는 고개를 숙여 백자 반합을 뚫어지게 바라보았다.

"이 백자 밥그릇은 조선이 추구한 가치를 잘 보여주고 있어요. 절제되고 균형 잡힌 모습이나 흐트러지지 않은 선이 그렇죠. 하얀색은 또 어떻고요. 조선을 이끌어간 선비들은 자기 수양과 절제에 높은 가치를 두었습니다. 이 작품은 조선을 담은 그릇입니다."

그때 그의 눈빛이 빛났다.

조선시대 도자기 특별전은 <백자의 얼굴 - 조선시대의 도자기>로

호림박물관과 국립중앙박물관 소장품이 출품되었다. "도덕적 실천을
중요시했던 유교의 영향을 보여준다."는 취지로 열린 전시회의 도록
표지 모델은 백자 반합이었다. 전시가 끝날 즈음 유물을 철수하기 위해
프랑크푸르트에 도착했을 때 길거리에서 도자기 특별전 포스터를 만났다.
포스터의 주인공도 백자 반합이었다. 멀리 독일에서 만난 백자 반합이어서
너 빈가웠다. 포스터의 백자 반합은 전시실에서 그랬듯 기죽지 않고 독일

사람들에게 한껏 기운을
뿜어내는 중이었다. 시대를
담은 유물은 그렇게 국경과
시간을 뛰어넘었다.

백자 포스터

23

변신하는 백자 달항아리

눈으로 직접 보기 전까지는 그렇게 큰 줄 몰랐다. 책에서 본 백자 달항아리는 큰 대(大) 자를 붙여 백자 대호(大壺)라고 했지만 딱 사진 크기로만 보여 대(大) 자가 무색했다(백자 달항아리는 대개 높이가 40센티미터 이상인 둥그런 백자 항아리를 말한다). 이리 보고 저리 보기 전까지는 백자 달항아리가 변신하는 줄도 몰랐다. 달이 차면 기울듯 백자 달항아리 역시 보는 면마다 바뀌는 천의 얼굴을 지녔다. 직접 안아보기 전까지는 그렇게 듬직한 줄 몰랐다. 마치 오랫동안 그 자리에 뿌리를 내리며 마을을 지키는 느티나무 같다. 처음 알았다. 백자 달항아리가 팽창하는 힘이 있다는 걸.

변화무쌍한 백자 달항아리 때문에 고민에 빠질 때가 있다. 어떤 면을

사진 찍고 전시해야 할지를. 그림이 있는 백자는 그나마 낫다. 그림이
있는 면을 선택하면 되니까. 그림이 없는 순백자도 좌우 대칭인 경우가
많고 일그러진 부분이 적어 적당한 면을 고르기 어렵지 않다. 문제는 백자
달항아리다. 비슷해 보이지만 같은 면이 없고, 보는 위치에 따라 느낌이

백자 달항아리(호림박물관 소장)

사뭇 다르다. 이럴 때는 돌려가며 가장 마음에 드는 면을 찾는데, 대부분
가장 안정적인 면을 선택한다. 안정적인 면이 보기에도 좋다. 그래서

관람객들이 실제로 백자 달항아리를 봤을 때 종종 "사진하고 다른데. 다른 면은 좀 일그러졌네." 하며 놀라기도 한다.

백자 달항아리의 매력은 보는 방향에 따라 달라 보인다는 점이다. 내게는 이 점이 중요하다. 유물을 다양한 방향에서 봐야 한다는 걸 알려주는 좋은 사례다. 국립중앙박물관 1층 조선실과 3층 분청사기·백자실에는 진열장 안에 백자 달항아리가 늘 전시되었다. 한 점(보물 1437호)은 비교적 균형이 잡힌 반면 한 점은 크기가 큰 대신 좀 일그러졌다. 다양한 백자 달항아리의 모습을 꼼꼼하게 보려면 이곳으로 가면 된다. 백자 달항아리를 처음 보는 지인들은 유물을 보자마자 반응한다.

"찌그러졌어요. 이 정도면 불량품 아닌가요!"

이런 반응을 들으면 한곳에서만 보지 말고 아래에서 위로, 사방을 둘러가면서 보기를 권한다. 쪼그려 앉아 아래에서 위로 가면서도 보고, 지구를 도는 달처럼 백자 달항아리를 돌면서도 보라고. 달항아리는 보는 위치에 따라 그 모습이 다양하게 바뀐다. 달처럼 동그란 면이 나오는가 하면 일그러진 면이 나온다. 처음에는 이제 막 하늘에 뜬 보름달처럼 커 보이다가 점점 작아 보인다. 이번에 볼 때 다르고 다음에 볼 때 또 다르다. 그렇게 두 번 보고 세 번 보면서 점점 빠져든다. 때로는 백자 달항아리로부터 따뜻한 위안과 위로를 얻는다. 작가들은 영감을 얻어 도자기를 빚고 그림을 그리고 사진을 찍는다.

왼쪽 달항아리를 다른 면에서 본 모습

백자 달항아리(국립중앙박물관 소장, 보물 1437호)

백자 달항아리(국립중앙박물관 소장)

백자 달항아리의 매력에 빠진 사람들

백자 달항아리를 볼 때마다 느낌이 달라지는 것처럼 시대에 따라 평가도

바뀌었다(평가에 따른 명칭 변화 과정은 주로 김규림 선생의 논문 「조선 17-18세기

백자대호 연구」(이화여자대학교 미술사학과 석사학위 논문, 2017)를 참고했다). 김환기는

백자 달항아리에 본격적으로 관심을 기울인 사람이었다. 작고한 현대 화가

중 가장 영향력 있었던 그는 "내가 아름다움에 눈뜬 것은 우리 항아리에서

비롯되었다."고 말할 정도였다. 해방 후 그가 백자 달항아리에 기울인 관심과 미감은 그의 지인들에게 확산되었다. 그 사람들 가운데 한 명이 혜곡 최순우 선생이었다. 《무량수전 배흘림기둥에 기대서서》라는 책으로 유명한 그는 특유의 미문으로 달항아리라는 말을 공식화했다. 1962년 한 신문에 기고한 글에서 크고 둥그런 백자 항아리를 '달항아리'라고 불렀고 '잘생긴 며느리'라는 말로 그 인상을 전했다.

　백자 달항아리는 두 대가의 그림과 평으로 새로운 가치를 부여받았지만 이것만으로는 부족했다. 대중적으로 백자 달항아리라는 이름이 알려지는 데는 《나의 문화유산 답사기》로 유명한 유홍준 선생의 역할이 컸다. 그는 문화재청장으로 있던 2005년, 전국의 백자 달항아리를 모아 보물 지정 심의를 하는 획기적인 방법으로 꼭꼭 숨은 달항아리들을 세상 밖으로 나오게 했다. 그리고 국보와 보물로 지정된 달항아리와 외국에 있는 대표적인 달항아리를 모아 전시회를 열었다.

　2011년에는 백자 달항아리의 위상이 어느 정도인지 말해주는 일이 생겼다. 도자기의 명칭은 객관적인 사실을 바탕으로 짓는다는 일반적인 원칙이 백자 달항아리에서 깨졌다. 문화재청에서 공식 이름을 백자 대호에서 백자 달항아리로 바꾼 것이다. 이제는 별명이 본명이 된 셈이다.

　이쯤에서 궁금해진다. 그 많은 사람이 왜 백자 달항아리에 빠졌을까. 먼저 달항아리의 색이다. 백자는 흰색 도자기를 뜻하지만 흰색이라고 다 같은 흰색이 아니다. 눈처럼 하얗게 반짝거리지만 곁을 주지 않는 흰색이 있는가 하면, 살짝 푸른색이 감돌아 차가운 느낌을 주는 흰색이 있고, 회색 기운이 깔려 만만해 보이는 흰색이 있다. 백자 달항아리의 흰색은 우윳빛에 가까운, 흔히 유백색이라고 부르는 색이다. 이 색은 따뜻한 느낌을 불러일으켜 손으로 만져보고 싶은 충동을 불러일으킨다. 어떤 이는 이 색을 조선 백자 최고의 색으로 꼽기도 한다.

백자 달항아리 색

백자 달항아리에서 색은 특별하다. 백자는 여러 가지로 구분하여 나눌 수 있지만 크게 그림을 그린 것과 그리지 않은 것으로 구분할 수 있다. 백자 달항아리는 그림이 없는 대표적인 백자다. 지금까지 알려진 백자 달항아리 가운데 단 한 점을 제외하면 한결같이 그림이 없다. 도자기에 그림이 없으면 눈길은 색에 집중된다. 야구로 치면 직구로 승부를 거는 셈이다. 누군가에게는 밋밋한 이 색이 누군가에게는 따뜻하고 편안하다. 또 누군가는 본질을 드러내는 공간, 무한한 상상을 이끄는 공간이라는 의미를 부여한다.

만약 달항아리가 일그러지지 않고 완벽하게 둥그렇다면? 그렇다면 달항아리를 보는 눈은 완전히 달라졌을 것이고, '말할 수 없는 아름다움에 대한 찬미'는 설 자리를 잃었을 것이며, '한국미의 극치'라는 평가는 쉽사리 붙을 수 없었을 것이다(유홍준,《백자 달항아리》중 '백자 달항아리전을 열면서', 국립고궁박물관, 2005). 일그러졌다는 것 혹은 찌그러졌다는 것은 백자 달항아리 평가의 핵심이고, 한국미를 상징하는 자연미가 성립되는 강력한 근거다.

개심사 심검당 기둥은 옛 건물의 휘어진 기둥 가운데 가장 널리 알려졌다. 곧바로 선 기둥이 아니라 기둥 역할을 할 수 있을까 싶을 정도로 휘어진 나무가 천연덕스럽게 건물을 떠받든다. 가난한 절에서 곧은 나무를 구하지 못해 어쩔 수 없이 저런 나무를 썼다는 눈으로 보면 그 기둥은 초라해 보인다. 반면, 나무의 자연스러움을 살리는 자연미에 초점을 맞추면 휘어진 모습이 오히려 뛰어나 보인다.

개심사 심검당 기둥

개심사 심검당 기둥의 역설은 백자 달항아리의 일그러진 모습에서도 드러난다. 일그러짐에 대한 평가는 불량품과 억지로 손을 대지 않은 자연스러움 그 사이 어디에 존재한다.

백자 달항아리가 일그러진 건 위짝과 아래짝을 따로 만들어 붙이는 데서 비롯되었다. 17, 18세기 항아리를 만드는 방법 가운데 하나로, 커다랗고 둥그런 항아리를 만들기 위해 필요한 방법이었다. 그 결과 굽는 과정에서 서로 이어붙인 부분을 중심으로 일그러진다. 만들고 사용할 당시 이 부분을 어떻게 평가했는지는 알 수 없지만 이 부분 때문에 백자 달항아리는 새로운 역사를 썼다.

숨 돌릴 틈 없던 근현대사를 지나면서 지식인들은 타자의 시선이 아니라 우리의 시선으로 우리나라 미술의 정체성과 특징이 무엇인지 부지런히 탐색했다. 그렇게 발견한 핵심 키워드가 자연미였다. 서로 문화를 주고받던 동북아시아 3국 가운데 중국이나 일본이 인공적이고 화려하고 과장되고 완벽한 예술을 지향한 반면, 우리나라는 자연적인 아름다움을 중요시했다는 것이다. 자연미는 있는 그대로를 존중하는 것으로 사람의 손길을 최소화하는 것이다. 개심사 심검당의 기둥과 백자 달항아리는 가장 뛰어난 본보기다.

마침 백자 달항아리는 중국이나 일본에서는 찾을 수 없는 종류였다. 서로 영향을 주고받은 나라 가운데 오직 우리나라에만 있다는 사실은 자신 있게 고유성을 주장할 수 있는 강력한 근거였다.

빛, 선, 크기, 고유성이 어울려 백자 달항아리는 일종의 신화가 되었지만 이걸로 충분하지 않았다. 여기서 신의 한 수가 등장한다. 백자 달항아리는 달과 결합하면서 강력한 시각적 이미지와 정서적 풍부함을 얻었다. 김환기가 그의 작품과 글을 통해 달항아리를 달의 이미지와 연결시킨 이후 달의 이미지로 이어졌고 최순우 선생에 의해 확고하게 자리 잡았다.

그런데 그들은 왜 백자 대호에서 달을 떠올렸고 지금까지 많은 사람들이 이 이미지를 자연스럽게 받아들일까? 단지 겉모습이 비슷해서일까?

달은 오래전부터 다양한 스펙트럼으로 우리 문화 속에 깊숙하게 자리 잡았다.

"달달 무슨 달 쟁반같이 둥근달 어디어디 떴나 남산 위에 떴지."

윤석중 선생이 노랫말을 지은 <달>이라는 노래다. 만약 이 노래에서 '둥근'이 아니라 '동그란'이라고 했다면 느낌이 어땠을까? '동그랗다'가 완벽한 원형의 느낌이 강하다면 '둥그렇다'는 완벽한 원형이 아닌 원을 뜻하는 느낌이 강하다. 또 원만하다는 느낌과 잇닿았다. 달항아리 역시 완벽한 원형이 아니며 게다가 보는 면마다 다르다. 원은 원이지만 일그러짐을 품은 원만한 원이다. 달과 만난 백자 달항아리는 어느 순간 가장 다양하게 재현되고 변주되는 영감의 원천이 되었다.

흔히 아는 만큼 보인다고 말한다. 박물관에서 설명을 하다 보면 "역시 아는 만큼 보이네."라는 말을 자주 듣는다. 그러나 이 말은 역설적으로 "딱 그만큼만 보인다."는 말일 수 있고 내 눈이 아닌 다른 누군가의 눈으로 본다는 것과 같을 수 있다. 눈 밝은 이를 길잡이 삼아 길을 나서지만 어느 순간 내 눈을 길잡이 삼아 길을 가야 할 때가 온다. 백자 달항아리는 이미 신화가 되었고 신화의 힘은 막강하지만 내 눈으로 볼 때 신화는 깨지고 그래야 백자 달항아리는 다시 살아난다. 백자 달항아리를 말한 수많은 사람들의 이야기는 달을 가리키는 손가락일 뿐, 달 그 자체가 아니다.

백자 달항아리는 그 앞에 설 때마다 다른 이야기를 들려준다. 위로와 위안을, 겸손과 겸양을, 의연함과 당당함을, 그 자체로 이미 만족하는 자존감을 마법처럼 꺼내준다. 천 개의 강에 내리는 달은 하나가 아니라 천 개인 것처럼 달항아리 역시 그 앞에 마주 선 사람만큼 늘어난다.

一枝

一犬吠二犬吠萬犬
從此一犬吠呼童出門
亮月掛梧桐

堯齋

김득신의 '달을 보고 짖는 개'

4장 박물관에서

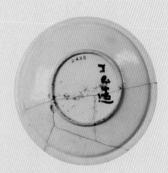

만나는 사람들

24

유물에서 사람을 만났다

겉보기에는 평범했다. 백자지만 깨끗한 하얀색으로 반짝이는 대신
누런색을 머금었다. 백자 흙에 주근깨처럼 작은 점들이 곳곳에 박혔다.
또 한쪽 면은 여러 개로 깨진 조각을 모아 붙였다. 그뿐인가. 글씨를
쓴 물감의 농도가 일정치 않아 같은 줄에서도 글씨가 진하다가 점점
흐려졌다. 테두리를 따라 그린 그림은 또 어떤가. 사군자인 매화와
대나무를 이어 붙인 이 그림에 추위를 이긴 봄 매화의 열정과 겨울바람에
맞선 대나무의 기개를 담았다고 하기에는 뭔가 아쉬웠다.

　그런데 무심히 지나칠 수 없었다. 한국 도자사를 다룬 책에도 이 유물이
언급되었고, 개편되기 전 국립중앙박물관 백자실 백자사 연표에도 이

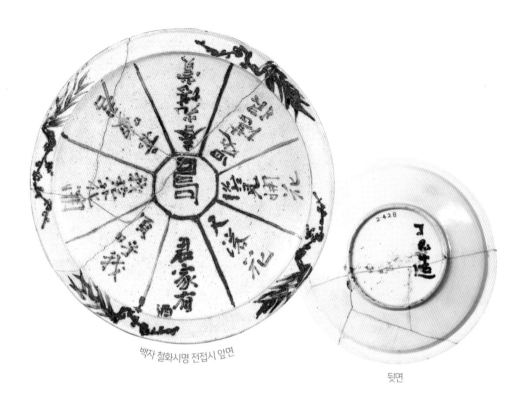

백자 철화시명 전접시 앞면

뒷면

유물이 들어갔었다. 백자사 연표에는 백자의 역사에서 꼭 알아야 할
작품이 들어간다. 늘 앞면을 전시해 관람객들은 뒷면을 볼 수 없지만
바로 거기에 이유가 숨어있었다. 백자 뒷면에 쓰인 '정사조(丁巳造)'라는
세 글자 때문이다. 정사년에 이 백자 접시를 만들었다는 기록이다. 상품의
제조연월일에 해당하는 기록이 이 접시(백자 철화시명 전접시)를 범상치 않은
유물로 만들었다. 자기가 언제 태어났는지 기록한 백자가 아주 드물어서

만들어진 시기를 대략 추정하는 상황이기 때문에 태어난 해를 안다는 건 상당히 중요하다.

수많은 정사년 가운데 이 접시가 만들어진 건 언제쯤일까? 먼저 갈색 글씨와 바탕의 누런색을 눈여겨봐야 한다. 백자의 역사에서 이런 백자가 나온 시기는 대략 17세기 무렵이다. 17세기의 정사년은 1617년과 16/7년으로, 둘 중 어느 해에 백자 접시가 탄생했다.

17세기는 임진왜란과 병자호란으로 피폐해진 조선이 점차 피해를 극복해가는 시기이다. 전쟁이 끝난 뒤 나라의 형편이 좋지 않아 노동력이 많이 들어가는 하얀색 흙은 쓰기 어려웠다. 그리고 중국에서 비싼 값을 주고 수입해야 하는 푸른 물감 대신 구하기 쉬운 철화 물감을 사용했다. 철화 물감은 산화철이 많이 들어가 주로 짙은 갈색을 보인다. 또 섬세한 표현이 쉽지 않고 탁한 느낌을 주는 경우가 많다. 전란의 후유증을 어느 정도 극복하면서 17세기 후반에는 푸른 물감으로 그림을 그린 청화백자가 점차 늘어나기 시작했다.

1617년에 만들어졌다 생각하고 이 접시를 보면 17세기 전반 조선 관리들이 내뱉던 한숨 소리가 들린다. 임진왜란 이후 조선의 경제는 바닥까지 추락했다. 중국에서 사신이 오면 푸른 물감으로 용을 그린 번듯한 항아리로 대접해야 하는데 그럴 수 없었다. 연회 때 사용하던 항아리들은 다 사라졌고, 번듯한 항아리를 만들 형편도 아니었다. 궁여지책으로 항아리에 용 그림을 그렸지만 실수로 그림이 지워질까 봐

노심초사해야 했다. 그들은 아쉬운 대로 철화 물감으로 용을 그리기로
했다. 용이 지워질 걱정을 덜은 관리들이 안도하는 모습이 떠오른다.

정사조 접시에는 한문이 보인다. 모두 여덟 부분으로 나누어 각각
4자와 3자를 교대로 썼다. 4자와 3자를 합치면 7자가 되고 7자는 모두
네 덩어리로 이루어졌다. 다시 말하면 한 행에 7자로 이루어진 4행의
시(칠언절구)다. 시의 첫 부분은 어디일까? 접시 사진에서 답을 찾을 수 있다.
큐레이터 입장에서 이 접시를 촬영한다면 시의 첫 행을 잘 읽을 수 있도록
구도를 잡는다. 이 접시에서 제대로 보이는 글자들은 아랫부분 가운데
글자들이다. '군가유주(君家有酒)' 이 부분이 실제로 시의 첫 부분이다. 시의
전체 내용은 이렇다.

그대 집에 있는 술이 나를 부르고
내 정원에 핀 꽃이 그대를 부르네
봄빛은 볼 만해서 도리어 한스럽네
담담하게 꽃이 피고 지는 걸 보네

이 시는 읽을수록 술을 부른다. 꽃이 활짝 핀 봄날, 벗과 술 한잔 마시는
풍경이 눈앞에 아른하다. 권주가로 가득 채운 이 접시는 술잔 받침대였을
가능성이 높다. 접시 위에는 술잔이, 접시에는 술을 물리치기 어려운
권주가가 쓰였다.

술이라면 고려 사람들이라고 조선 사람들에게 결코 밀리지 않았다.
그들은 조롱박 모양의 청자병(청자 양각연당초문 표형 병)에 상감 기법으로
시를 썼다.

푸르고 아름다운 술병에 금꽃을 아로새기니
호사로운 집안에서 이 술병을 좋아했네
풍류를 즐긴 하지장이 기분 좋을 때
늦은 봄 호숫가에서 이 병을 안고 실컷 취했으리

청자 양각연당초문 표형 병

연못 근처 정자에서 풍경에 취해 술을
마시는 고려 사람을 보는 것 같다.

술에 관련된 그릇으로 계영배를
빼놓을 수 없다. '가득 참을 경계하는
잔'이라는 뜻으로, 일정한 양 이상
술을 채우거나 술이 남았는데 술을 더
부으면 잔에서 술이 빠져나간다. 술을
제대로 마시려면 이름 그대로 적당껏
채우고 기다릴 줄 알아야 한다. 이
계영배(백자 양각매화쌍학문 계영배)에도 시가
보인다.

오늘 오래토록 혼미하게 마셔도

성령을 기르는 데 아무 관계가 없네

계영배라는 이름이 무색한
권주가다. 계영배는 19세기에
유행했는데 겉으로는 가득
참을 경계하지만 실상은
가득 참을 추구한 것 같다.
술과 관련된 도자기의 시를 보면
한결같이 술을 부른다. 누가 술을
마다할 수 있을까?

백자 계영배

유물에서 사람 냄새를 맡다

정사조가 쓰인 접시를 눈여겨보던 어느 날, 이번에는 이 시의 첫 부분이
새롭게 보였다. '이거 왜 이렇지?' 첫 글자인 군(君) 자가 유난히 크고
진하다. 새 공책에 글씨를 쓸 때 첫 글자를 크고 진하게 썼던 경험이
떠올랐다. 순간 이 글을 쓴 사람의 심정을 알 것 같았다. 다음 글자, 다음
글자를 써나가다가 이 사람은 자기 머리를 치지 않았을까? 네 글자를
써야 하는 곳에 호기롭게 세 글자를 쓰고 나니 그만 더 이상 글자를 쓸
자리가 없었다. 그렇다고 애써 만든 접시를 버릴 수도 없는 노릇이다. 이

사람은 생각을 바꿨다. 유(有) 자 옆에 나머지 한 글자인 주(酒) 자를 살짝
끼워 넣었다. 한 번 실수를 바탕으로 다음부터는 간격을 잘 맞춰 써나갔다.
여기까지 생각하자 얼굴도, 이름도 알 수 없는 수백 년 전 사람이 바로
곁에 있는 것처럼 친근하게 다가왔다.

　사소한 단서에서 출발해 상상을 하다 보면 유물에서 진한 사람의
냄새기 나기도 한다. 국립청주박물관
전시실에는 '먹'이 전시되었다. 대수롭지
않은 먹으로 보이지만 현재 전해지는
가장 오래된 고려시대의 먹(청주 명암동
출토 '단산오옥'명 고려 먹, 보물 1880호)으로,
보물로 지정되었다. 무덤 속에 들어있던
이 먹 옆에서 죽은 이의 것으로 보이는
젓가락도 발견되었다. 젓가락에는
날카로운 도구로 점을 찍어 글씨를
새겼다. '제숙공의 부인이 죽은 아들을
위해 만들었다.'

　이 글을 읽자 머리가 멍했다. 죽은
아들을 기리는 어머니의 마음이
상상되었다. 글자 하나하나가 슬픔으로
다가왔고, 글자가 새겨진 젓가락이 더

단산오옥

글자가 있는 젓가락

애틋했다. 먹도 새것이
아니라 아랫부분이 닳은
사용하던 먹이었다. 아마
죽은 아들이 사용하던 먹을
무덤에 같이 넣어주었을 것이다. 먹과
젓가락 앞에서 누군지 모를 두 사람을 떠올렸다. 그 뒤 내게 이 유물은
국립청주박물관을 대표하는 유물이 되었다.

그런데 정사조 접시를 만든 도공들의 삶은 어땠을까? 1709년 양반
이하곤은 죽은 사람의 이름과 행적을 기록하는 묘지를 만들기 위해
도자기를 굽는 사옹원 분원에 머물렀다. 그곳에 머무는 동안 도공들의
삶을 목격하고 안타까운 마음이었는지 시를 남겼다.

…

진상할 그릇의 종류는 삼십 가지요
사옹원 본원에 선물로 바칠 양은 사백 바리나 되네.
깨끗하고 거칠고 색과 모양 논하지 말게
바로 무전(無錢)이 죄이네.
…

(방병선, 「조선 후기 사기장인 연구」, 『미술사학연구』 241호, 한국미술사학회, 2004, 200쪽)

'무전이 죄이네'에 눈과 마음이 동시에 멎는다. 이 시를 읽다 보면 정사조 접시를 만든 도공의 삶이 슬며시 떠오른다. 고단한 삶을 살아가는 백성들은 이때만 있던 건 아니었다. 통일신라 말에도, 고려 말에도, 조선 말에도 팍팍하다 못해 비참하게 살았던 백성들의 삶은 기록과 시로 남았다. 고려 말 관리였던 안축은 강릉도 존무사(고려 후기 도에 파견한 지방관)가 되어 관동 지방을 돌아보고 비참한 현실을 고발한 시를 지었다. 소금 만드는 집에서는 날마다 백 섬의 물을 길어와 끓여도 소금 한 섬을 만들지 못하는데 기한을 어기면 아전이 득달같이 달려와 호령하고 있었다. 소금을 만드는 노인은 뜨거운 열기와 타는 연기 그을음으로 얼굴이 검어졌다.

박물관으로 오기 오래전, 정사조 접시 위로 도공의 눈물과 한숨이 떨어졌을지 모른다. 그 눈물과 한숨을 아는지 모르는지 시 한 수 읊고 꽃을 보며 거나하게 취한 양반들의 목소리가 울리는 것 같다. 이 접시 위로 사람들 이야기가 켜켜이 쌓여간다.

25
나의 살던 고향

1997년쯤 처음 그곳에 갔다. 끝없는 계곡, 산자락 옆으로 늘어선 절터, 그 앞을 가로막은 산들. 고개를 들어 하늘을 보기 전까지 온통 산이었다. 절터 뒤쪽 윗몸을 잃어버린 승탑 옆에서 그 산들을 바라보았다(승탑은 고승의 무덤으로, 부도라고도 부른다. 탑은 부처의 무덤이다). 그들은 왜 이렇게 깊은 산속에서 깨달음에 이르는 길을 찾아 나섰을까? 저 산은 그 답을 알고 있을까? 화두처럼 바라보는 산도 좋았지만 의문을 멈추고 그저 바라보는 산 역시 그냥 좋았다. 가끔 이 절이 꿈처럼 떠올랐고 그 꿈은 늘 저 산에서 끝났다. 이곳은 바로 선림원지다.

2016년 가을 친구들과 강원도로 여행을 떠났다. 오랫동안 가보지 못한

선림원지 삼층석탑

이 절터가 궁금했고, 그 산을 다시
보고 싶었고, 또 친구들에게 절터를
알려주고 싶었다. 강원도 특유의 길고
웅장한 고개를 넘어 가을빛 스치는
산길을 따라가다 드디어 절터에
도착했다.

　그 옛날 산사태로 한순간에
폐허가 되었다는 절. 절터를 지키는
잘생긴 '양양 선림원지 삼층석탑(보물
444호)'이 시간 속으로 떠내려간
절의 옛 기억을 움켜쥔 듯했다.
통일신라시대 불교의 새로운
변화를 이끈 선종은 이 절터에서 멀지 않은 설악산 아래 진전사에서
시작되었다. 경주에서 멀리 떨어진 깊은 산속에서 시대를 이끌 새로운
변화가 꿈틀거렸다. 도의선사는 그 변화를 열어간 주역이었고, 그의 제자
염거화상은 진전사에 이웃한 사찰에 머물며 제자들을 길렀다. 그들은
사방이 막힌 깊은 산속에서 세상을 여는 눈과 마음을 닦고 또 닦았다.
　이곳 선림원지에서 또 한 명의 승려, 홍각선사를 만난다. '양양 선림원지
승탑(보물 447호)'의 주인공이다. 스승으로부터 깨달았다는 인정을 받는
선종에서 스승의 위치는 아주 중요했고 그중에서도 후세에 기억될 만한

뛰어난 고승은 특별하게 대접했다. 그래서 무덤인 승탑을 따로 만들어 기린 것이다. 때문에 승탑은 절의 상징이자 구심점이었다.

원래 위치를 벗어나 불완전한 모습으로 서있는 승탑 옆에서 그 산을 바라본다. 이십 년 전 본 산과 이십 년 뒤 보는 산은 같지 않다. 산도 나도 세상도 변했다. 같은 대상도 마음에 따라, 시대에 따라 다르게 보인다. 뛰어난 글자를 수집하던 조선 양반들은 홍각선사의 일생을 기록한 '양양 선림원지 홍각선사탑비(보물 446호)' 탁본에 눈독을 들였다. 양반들의 시도 때도 없는 탁본 요구에 시달리던 백성들은 아예 비석에 불을 질러 비석을 깨버리는 방법으로 대응했다. 일제강점기 때 선림원지 삼층석탑은 안에 든 사리장엄구를 노린 도굴범들에 의해 무너졌다. 신앙의 대상이 수집의 대상이 되고 도굴의 대상이 되고 지금은 보존의 대상이 되었다.

선림원지 승탑

선림원지를 떠나 염거화상의 스승이자 우리나라에 선종을 전한 도의선사가 머물렀던 진전사지로 향한다. 선림원지 삼층석탑의 스승뻘인 '양양 진전사지 삼층석탑(국보 122호)'이 의연하게 절터를 지켜내고 있다. 청출어람이라고 했지만 이 경우는 위대한

진전사지 삼층석탑

스승이라고 해야겠다. 탑에 여덟 신장을 조각하던 경주의 유행이 지방으로 진출한 최초의 사례로, 지금도 "와!" 하는 감탄을 불러일으킨다.

"이 탑을 보니까 왜 국보인 줄 알겠어. 아까 본 선림원지 탑과는 달라."

함께 답사를 다니던 친구들의 안목이 이 탑 앞에서 갑자기 높아졌다. 대지에 단단히 뿌리박은 이 탑은 산을 뚫고 하늘로 올라갈 듯한 기세였다. 탑의 기세와 달리 821년 도의가 중국에서 선종을 접하고 신라로 돌아왔을 때 경주에서는 환영받지 못했다. "때가 아직 이르지 않았다."던 그가 때를 만들기 위해 이곳을 선택했다. 그의 기세는 첩첩산중을 뚫고 뻗어나가 제자들이 모여들기 시작했다. 그는 때를 기다리지 않고 직접 만들어냈다.

도의가 입적한 뒤에도 사람들은 도의를 찾아 이 탑을 만났을 것이다. 열네 살에 이 절에서 출가한, 《삼국유사》를 쓴 일연도 이 탑에 합장을

진전사지 도의선사탑

했을 것이다. 조선 초기까지 스님들이 예불을 올렸을 진전사는 어느 순간 폐허가 되었다. 인적 없는 깊은 산속 절터의 탑은 도굴의 손길을 피해가지 못했다. 하지만 지금 이 탑은 친구들의 눈을 뜨게 만들었다.

진전사지에서 차로 조금 올라가 언덕을 걸어 오르면 도의선사와 만난다. 죽비 같은 나무에 둘러싸인 양양 진전사지 도의선사탑(보물 439호) 앞에는 가을 국화가 놓였다. 그가 문을 연 통일신라의 선종은 혼란스러운 후삼국시대를 이끌어갔고 지금까지 이어진다. 그가 입적하자 제자들은 이 승탑을 세워 그를 기렸다. 우리나라 최초의 승탑은 이렇게 시작되었다.

박물관으로 들어온 탑

우리나라의 여러 박물관 가운데 가장 많은 승탑과 탑을 볼 수 있는

곳은 국립중앙박물관이다. 박물관 실내 전시실에서 나와 박물관 건물
오른쪽으로 가면 승탑을 만날 수 있다. 가장 먼저 기다리는 승탑은
흥법사지에 있었다고 전해지는 염거화상탑(전 원주 흥법사지 염거화상탑, 국보
104호)이다. 염거화상이 누구인가. 도의의 제자로 선종을 열어나간 승려다.
단단하고 옹골차지만 받침 부분이 제짝이 아니어서 아쉽다. 1929년
승탑의 본래 위지를 찾으려고 흥법사지를 조사했지만 확인하지 못했다.
염거화상탑 옆으로 원래 자리를 떠난 승탑과 탑비들이 줄줄이 늘어섰다.

여러 승탑을 지나 작은 숲속을 지나면 길을 따라 줄지어 늘어선
탑들을 만난다. 하늘과 땅을 이어주는 우주나무처럼 솟은 '개성 남계원지
칠층석탑(국보 100호)', 세련되고 깔끔하지만 성격이 다른 쌍둥이 같은 '김천
갈항사지 동·서 삼층석탑(국보 99호)', 어딘지 불안정하고 안쓰러운 '서울
홍제동 오층석탑(보물 166호)', '원주 영전사지 보제존자탑(보물 358호)', 이
탑과 가족처럼 보이는 '원주 천수사지 삼층석탑', 다소 마른 듯한 체구의
'원주 천수사지 오층석탑'과 '이천 안흥사지 오층석탑'이다. 이 탑들은
저마다 개성이 넘친다. 태어난 날도, 생김새도, 살았던 곳도, 사연도 다른
실향민 신세지만 또 지금 이렇게 모여 거대한 작품을 만들었다.

이곳에 오면 다른 탑보다 오래 머무는 탑이 영전사지 보제존자탑 한
쌍이다. 겉모습만 보면 부처의 무덤인 탑 같지만, 사실은 보제존자의
사리를 모신 승탑이다. 원주의 절터에서 서울로 옮기려고 해체를 하다
사리를 모신 장치 즉 사리장엄구를 발견했다. 다행스럽게 탑의 내력을

기록한 탑지석이 포함되었다. 탑지석에 따르면 보제존자 즉 나옹이 입적한
뒤 12년이 지난 1388년에 나옹의 사리를 봉안한 이 탑을 세웠다. 고려
말의 고승이자 무학대사의 스승인 나옹은 1376년 원주에서 가까운 여주
신륵사에서 입적했다. 나옹을 부처에 버금가는 위대한 승려로 생각한
고려인들은 그의 입적 뒤 무려 여섯 곳에 승탑을 만들었고, 그 가운데
부처의 탑과 비슷한 보제존자 사리탑까지 등장했다. 성격으로 보면 승탑
쪽에 가야 하지만 겉모습을 따라 다른 탑들과 함께 이곳에 전시되었다.

지금까지 살펴본 탑들은 어떤 공통점이 있을까? 남계원지 오층석탑,
천수사지 삼층석탑과 오층석탑, 영전사지 보제존자 사리탑, 안흥사지
오층석탑은 1915년 열린 '시정 5년 기념 조선물산 공진회'와 깊은

영전사지 보제존자탑

관련이 있다. 조선총독부에서는 일본이 조선을 지배하면서 조선을 크게 발전시켰다고 널리 선전하고 싶어 했다. 그래서 조선물산 공진회를 개최하기로 하고 개최 장소를 조선의 정궁인 경복궁으로 결정했다. 행사를 한다며 경복궁 곳곳을 뜯어냈고 그 자리에 공진회를 위한 건물을 세웠다.

조선총독부는 건물을 세우는 것에 그치지 않았다. 경복궁 넓은 뜰을 상식하러 했다. 그들은 탑에 눈독을 들였다. 조선에 오래된 석탑이 많다는 걸 알리고 장식을 하기 위해서라고 말했다. 그런데 왜 하필 탑이었을까? 탑은 규모가 커서 넓은 공간을 채우기에 적당했다. 또한 정원을 탑이나 석등으로 장식하는 일본인들의 문화도 한몫했다. 그들은 석탑을 종교의 대상이 아니라 수집의 대상으로 인식했다.

"이 그림은 시정 5년 기념 조선물산 공진회 그림입니다. 이 넓은 공간을 석탑으로 장식했습니다. 성리학을 기본 이념으로 한 조선의 궁궐 한복판에 불교 유물이 들어온 순간이었죠. 이뿐만 아닙니다. 미술관 안에 불상을 전시했습니다. 이 탑과 불상은 어디에서 왔을까요?"

그림이 전시된 식민지역사박물관에 갈 때마다 일행에게 묻곤 한다. 조선총독부에서는 서울에서 멀지 않고 폐사지에 석탑과 철불이 많은 원주에 눈독을 들였다. 천수사지 삼층석탑과 영전사지 보제존자 사리탑, 천수사지 오층석탑이 그렇게 경복궁으로 왔다. 또한 그 전에 이미 원래 자리를 떠난 원주 법천사지 지광국사탑(국보 101호)도 경복궁으로 옮겼다. 그 뒤 경복궁에 조선총독부박물관이 들어서고, 경복궁이 유물을 전시하고 보존하는 곳으로 바뀌면서 이곳에는 불교 관련 유물들이 더욱 늘어났다.

야외 정원은 사계절 언제 어느 때 걸어도 좋지만 특히 밤에 걷는 맛이 특별하다. 달이 휘영청 밝게 뜬 날은 소요하는 탑을 만나기 더 좋다.

"어둠의 가장자리를 서성거리던 빛들이 탑 위에 살며시 내려앉았다. 그 순간 탑들은 내내 움츠렸던 두 팔과 두 다리를 땅과 하늘로 쭉 뻗었다. 밤마다 탑들은 비바람에 깎인 돌옷을 벗고 사람들이 걷던 그 길을 소요했다. 밤은 움직이지 않는 자들의 시간이다. 또 제자리를 떠난 자들의 시간이다. 그때 나는 그들의 시간을 살짝 엿보았다."

이렇게라도 탑은 움직이고 싶었을 거라고, 나는 믿는다.

국립중앙박물관 밤의 탑들

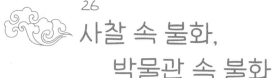

26
사찰 속 불화,
박물관 속 불화

꽤 오랫동안 사찰로 답사 겸 여행을 다녔다. 대학 학부 때 처음 답사를 다니며 맛을 들이기 시작해 정기적으로 가는 학과 답사나 소모임 답사는 빠지지 않으려 했고 때로는 혼자 가기도 했다. 사찰은 품이 넓고 속이 깊은 거인처럼 다가왔다. 대학원 때는 불교미술을 전공했기 때문에 또 사찰을 다녔다. 지식이 조금씩 늘어나면서 사찰이 구체적으로 다가왔고, 공간과 유물에서 의미가 보이기 시작했다. 자주 발걸음을 하면서 좋아하는 풍경도 하나둘씩 늘어났다. 일주문에서 절로 오르는 길도, 법당 안도 좋았고 특히 툇마루에 앉아서 보는 사찰 풍경이 그렇게 마음에 들었다. 저녁 시간에 묵직한 범종 소리를 들을 때면 그 소리가 밀물과 썰물처럼 몸을 흔들었다.

사찰에 갈 때면 천천히 걸으려고 노력한다. 처음에는 자료를 찾으러, 조사를 하러, 사진을 찍으러 가는 일이 많아 정신없이 다녔다. 그럴 때면 보려는 것도 제대로 보이지 않았고, 보았어도 반쯤 보였다. 점점 카메라에 의존하는 시간을 줄이고 눈으로 보는 시간을 늘리면서 빠른 걸음이 느려지고 바쁜 마음도 줄었다. 두리번거리며 천천히 걷다 보면 어느새 사찰 마당에 들어선다. 이때가 제일 좋아하는 순간 중 하나다. 질서 정연한 사찰의 모습이 눈에 들어온다. 정면에는 부처가 있는 주불전이 중심을

개심사 전경

잡고 좌우로 늘어선 건물들이 날개처럼 마당을 에워쌌다. 적막감이 감도는 마당으로 응축된 힘과 기운이 모여 호수를 이루었다.

　주불전 앞으로 기둥이 보인다. 짝을 이뤄 높이 솟구친 기둥이다. 마치

국기 게양대를 떠올리게 하는 이 지주대에, 거는 그림인 '괘불'을 건다.
뭐니 뭐니 해도 괘불은 거대하다. 거대한 부처가 바로 지금 하늘에서
인간 세상으로 내려온 듯하다. 괘불을 보고 있으면 경외감이 밀려온다.
경외감은 자신과 우주와 초월적 존재를 잇는 묘한 감정이다. 초월적인

봉원사 영산재

존재에 대한 믿음을 강화시키고 자신을 성찰하게 하고 어느 순간 자기도
모르게 신에게 머리를 숙이도록 만든다. 눈앞에 홀연히 나타난 부처에게
머리를 숙인 채 부처가 소원을 들어주고 죽은 이를 보듬어 영원한
즐거움이 있는 극락으로 인도할 것이라고 믿는다. 사람들은 저 높은 곳에
있는 부처를 바라보며 불전에서 부처를 볼 때와는 다른 경험을 한다.
콜린 엘러드는 자신의 책《공간이 사람을 움직인다》(문희경 옮김, 더퀘스트,

2016, 249쪽)에서 "초점이 위로 향하면 평범한 일상과 순전히 생존하기 위한 행동과 신체 유지와 보호, 궁극적으로 죽음에 대한 인식에 스스로를 옭아매는 세속의 사슬을 끊고 더 큰 존재를 느끼고 때로는 신성한 존재와 연결되는 순간의 긍정적 정서와 위안을 느낄 수 있다."고 말했다.

지주대에 괘불을 걸어 세우고 특별한 의식을 진행한다. 법당 밖으로 나온 부처를 모시고 진행하는 이 법회를 야단법석이라고 부른다. 야단법석은 떠들썩하다.

매년 6월 6일 현충일에 서울 봉원사에서는 괘불을 걸고 불교 의식인 영산재를 연다. 하루종일 진행되는 한바탕 떠들썩한 축제다. 구름 떼처럼 모여든 신자들이 에워싼 법석에 하늘을 찌를 듯한 괘불을 걸고, 스님들은 춤을 추고 악기를 연주하고 불경을 읽는다.

마당을 지나 사찰 안으로 깊숙이 들어가면 부처가 모셔진 주불전을 만난다.

무위사 극락전

주불전은 모신 부처에 따라 이름이 다르다. 석가모니불을 모셨다면 대웅전 혹은 대웅보전, 아미타불을 모셨다면 극락전 혹은 무량수전, 비로자나불을 모셨다면 대광명전 혹은 대적광전이라고 부른다. 신자는 아니지만 부처에게 삼배를 올린다. 그리고 잠시 앉아서 공간을 살펴본다. 정면의 높은 불단 위에 삼존불이 봉안되었다. 삼존불은 가운데 부처와 양옆의 보살로 이루어진다. 삼존불의 중심인 부처는 보통 석가불이나 아미타불, 비로자나불 가운데 한 분이다. 삼존불 뒤로 불화가 걸렸다. 이 불화는 삼존불의 성격에 어울리는 내용을 담는다. 삼존불과 불화는 사람들의 눈높이보다 높아 사람들은 자신을 낮추고 부처를 우러러보게 된다. 뒤쪽, 왼쪽, 오른쪽 벽에도 신중탱화 같은 불화가 걸리고 그 앞에 작은 단이 마련되었다. 천장을 비롯한 건물 안은 단청으로 장식해 부처의 세상을 장엄했다.

　이때 만나는 불화는 성스러운 보물인 성보다. 박물관 전시실에서 만나는 불화와는 느낌도 다르고 마음가짐도 다르다. 주불전에서 불화는 감상의 대상 이전에 예불의 대상으로 존재한다. 승려와 신자들은 그 앞에서 예를 드리고 소원을 빈다. 불화 앞에는 공양구와 공양물이 올려졌다. 주불전 안에서는 법회 같은 의식이 이루어진다. 박물관 진열장의 유리처럼 불화를 가로 막는 벽은 없지만 넘지 말아야 할 보이지 않는 선이 있다. 불화 앞에서는 저절로 발걸음이 조심스럽다. 엄숙함이 응축된 공간에, 끊임없이 종교적인 활동이 이루어지는 공간에, 장엄을 한

개심사 명부전

공간에 불화가 있다.

　주불전과 더불어 사찰마다 있는 곳이 명부전이다. 명부전 대신
지장전이나 시왕전이라 부르기도 한다. 명부전에는 지옥에서 중생 구제를
담당하는 지장보살과 그의 권속을 모셨다. 명부전에 들어가면 정면에
머리를 깎은 지장보살상과 권속이 봉안되었고 그 뒤로 지장보살도가
걸렸다. 양옆으로 각각의 지옥을 담당하는 열 명의 대왕과 이에 짝하는
시왕도가 걸렸다. 오른쪽으로 1, 3, 5, 7, 9대왕이 있고 왼쪽으로는 2, 4, 6, 8,
10대왕이 늘어섰다. 이 가운데 5대왕이 지옥의 대명사가 된 염라대왕이다.

시왕도에는 열 명의 대왕이 재판하는 장면과 재판 결과에 따라 벌을 받는 모습이 묘사되었다. 호림박물관에서 2002년 <불교미술 명품전>을 준비할 때 시왕도를 자세히 검토한 적이 있었다. 이때 지옥의 여러 가지 모습을 눈여겨보았는데 기억에 남는 지옥이 발설 지옥이었다. 말로 죄를 지은 사람들을 벌하는 곳으로, 혀를 길게 뽑고 그 위를 소가 쟁기로 가는 지옥이다. 살아생전 말을 함부로 하지 말라는 경고를 보내는 그림이다. 시왕도는 살아있는 사람들에게 죽음, 심판, 형벌, 구원, 경고의 메시지를 전한다.

박물관 속 야단법석

주로 사찰에서 불화를 보다 보니 박물관 전시실에서 불화를 만나면 뭔가 낯설다. 전시실의 불화는 거의 진열장 안에 들어가 있다. 전시실은 사찰의 법당과 여러모로 다르다. 불화를 보호하기 위해 빛은 늘 일정하고 대부분 조금 어둡게 했다. 불화는 진열장 안에 일정한 순서대로 배치되고 전시되었다. 법당이 고유한 분위기를 간직한 공간이라면 전시실은 균질화된 공간이다. 바람도 없고 향도 공양구도 없다. 이름표, 설명문, 영상 자료가 그 자리를 대신한다. 시간과 계절에 따른 변화도, 범종과 같은 사물의 소리도 없다. 스님 대신 큐레이터가 존재한다. 무엇보다 전시실 불화 앞에서는 일상적인 종교 행위 대신 감상이 이루어진다. 가끔 합장을 하는 사람들도 드물게 있기는 하지만.

박물관에서 불화를 보는 사람들은 신자가 아니다. 관람객들이다. 물론 관람객 중에는 불교 신자도 있겠지만 대다수 관람객에게 불화는 성보라기보다 전시 유물의 하나로 인식된다. 불화는 일반 관람객에는 낯설고 어렵다. 고려불화처럼 책에 소개되는 몇몇 그림을 제외하면 일상적으로 접하는 그림이 아니다. 게다가 일정한 이야기를 상징적으로 표현한 도상에 근거해 그린 종교화이기 때문에 이야기를 모르면 불화가 암호처럼 다가온다. 법당에서 조화를 이루고 종교적 역할을 담당하는 불화가 더 이상 아니다.

　한번은 불화가 많이 전시된 국립중앙박물관 불화전시실에서 관람객들이 이곳을 어떻게 관람하는지 살펴보았다. 연인들, 엄마와 딸, 가족들, 친구들이 들어왔다가 작품을 보며 지나갔다. 대부분 물 흐르듯이 지나가다 가끔 멈춰 한 번 쳐다보고는 빠져나갔다. '사람들이 다른 유물에 비해 불화에는 별다른 관심을 두지 않는구나!'라고 생각할 즈음 적막을 깨뜨리는 소리가 들렸다. 중학생쯤으로 보이는 청소년 두 명이 불화 앞에서 멈췄다.

　"웬 할아버지래! 할아버지가 왜 여기에 있지?"

　그들은 머리 깎은 할아버지를 슬쩍 쳐다보고는 짧은 감상평을 남긴 채 그곳을 지나갔다. 웬 할아버지! 그 할아버지는 스님이었고 스님 가운데에서도 깨달음을 얻어 존경을 받는 스님, 즉 고승이었다. 흔히 고승 진영이라 부르는 이들의 초상화는 사찰의 조사전이라는 건물에 봉안된다.

그곳에서 스님들과 신자들에게 예배의 대상으로 극진히 대접받는다.

박물관에서 예외적으로 관심을 받는 불화가 있다. 바로 괘불이다. 국립중앙박물관에는 독특한 전시실이 있다. 그 전시실에 들어서면 거대한 벽과 마주한다. 이 전시실에 들어온 관람객들은 깜짝 놀란다. 거대한 벽에 그림이 걸렸다. 사찰에서 야단법석을 할 때 거는 괘불이다. 가끔 높고 서대한 벽으로도 감당이 되지 않아 다 펴지도 못한 채 전시하기도 한다.

압도적인 괘불을 보는 순간 저절로 그 앞으로 끌려가듯 다가간다. 뜻하지 않은 곳에서 만난, 한번도 보지 못한 그림이 관람객들을 자석처럼 끌어당긴다. 사찰의 야단법석에서도 그랬듯 이곳에서도 거대한 크기와 압도적인 힘으로 사람들을 휘어잡는다. 관람객들은 괘불 앞에 마련된 의자에 앉거나 가까이 다가가 사진을 찍거나 괘불 좌우에 마련된 설명을 꼼꼼하게 읽는다. 전시실에서 벌어지는 박물관 버전 야단법석이다. 야단법석이 벌어지는 사찰의 넓은 앞마당처럼 괘불 앞 공간도 상당히 넓다.

이곳에 전시되는 괘불은 박물관 소장품이 아니다. 사찰에 있는 괘불을 대여해 전시한다. 실제 의식에 사용되는 괘불들이다. 일부 괘불은 가뭄이 심할 때 지내는 기우제에도 사용된다. 공간이 바뀌면 보는 눈도 달라진다. 비 내리기를 간절히 기원하며 절 마당에 걸었던 괘불과 안정적인 전시실에서 관람객을 맞이하는 괘불의 인상은 다르다. 박물관으로 온

국립중앙박물관에 전시된 상주 용흥사 괘불과 공주 마곡사 괘불

괘불을 보고 간절한 소원을 빌지는 않지만 그대신 감상을 하며 깊은
감동을 받는다.

박물관에 전시되는 순간 유물은 새로 태어난다.

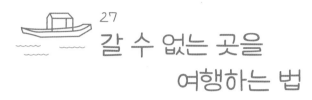

27
갈 수 없는 곳을
여행하는 법

어떤 말은 그저 보거나 들었을 뿐인데도 두근거리고 설렌다. 때로는 잠시
눈을 감고 꿈을 꾸는 듯 나른한 기분마저 든다. 이런 말로는 절터, 박물관,
몽골, 여행, 답사가 떠오르지만 거기에 또 하나, 지도가 있다. 지도는 말
그대로 땅그림으로, 지도라는 말을 떠올리면 어딘가를 걸으며 여행하는
기분이 든다. 실제로 지도를 보다 보면 어느새 그 공간이 머릿속에
그려지고 상상 대신 발과 눈으로 그 공간을 느끼고 싶은 욕망이 일어난다.
그리고 그곳에 사람들이 살고 있다는 생각에 이르면 가슴이 벅차오른다.

공간을 느끼고 싶은 욕망을 부르는 건 지도뿐만이 아니다. 공간을 그린
그림도 그렇다. 박물관에 다니던 어느 날, 어른 키 반만 한 아담한 병풍을

만났다. 그림 아래로 큰 강이 흘렀고 위쪽으로 성이 늘어섰다. 성 안에는 수많은 집들이 빼곡하게 들어찼다. 다행스럽게 그림 곳곳에 작은 글씨로 지명을 적어 놓았다. 대동문, 부벽루, 영명사, 을밀대. 조선 후기 평양을 그린 그림이었다. 아니, 평양이라니! 처음 병풍을 본 날, 병풍을 따라 조선 후기 평양을 몇 바퀴 돌자 어렴풋하던 평양의 윤곽이 조금은 자세하게 그려졌다.

사실 평양 하면 냉면보다 고구려의 수도, 고려시대의 서경, 묘청의 난이 먼저 생각난다. 하지만 구체적인 공간감이 없이 습습한 냉면처럼 알 듯 모를 듯하다. 그나마 어렴풋 손에 잡힐 듯한 평양은 조선에 들어서이다. 뭐니 뭐니 해도 "평안 감사도 제가 싫으면 그만."이라는 말 같은 평안 감사의 위세나 대동강 물을 팔아먹었다는 봉이 김선달, 기생에게 재산을 탕진한 이춘풍전의 무대로써이다.

개항 시기의 평양은 좀 더 강렬하다. 대동강을 따라 평양까지 올라와 통상을 요구하며 행패를 부리다 불태워져 침몰한 제너럴셔먼호 사건으로, 일제강점기 때는 기독교의 중심지로 기억된다. 해방 이후에는 소련군이 진주한 곳으로, 북한의 수도로, 한국전쟁 때는 끊어진 대동강 철교로 다가오지만 그 이후의 평양은 어딘지 비현실적인 느낌이어서 오히려 평안 감사가 위세를 떨치던 조선 후기의 평양이 가깝게 느껴질 정도다. 갈 수 없다는 건, 또 알 기회가 없다는 건 특정 공간의 이미지를 습기 찬 유리처럼 어렴풋하게 만든다.

그 뒤 여러 박물관에서 평양 그림을 만났다. 그중 서울역사박물관에 있는 평양 병풍 그림(기성도병, 서울시유형문화재 176호)이 가장 인상적이었다. 그런데 평양을 그린 병풍들의 이름이 딱 정해져 있지 않아 국립중앙박물관이나 수원화성박물관에서는 '평양성도'로, 서울역사박물관이나 국립민속박물관에서는 '기성도'라고 부른다. 옛날 중국에서 온 기자가 평양에서 교화를 펼쳤다는 설을 근거로 고려 후기에 기자의 사당을 만들었다. 조선시대에는 이 점을 중요시해 평양을 기자의 성 즉 기성으로, 평양 그림을 '기성도'라고 불렀다. 기성은 중국을 세상의 중심이라고 믿은 조선 성리학자들의 가치관을 반영한 이름이라, 평양 그

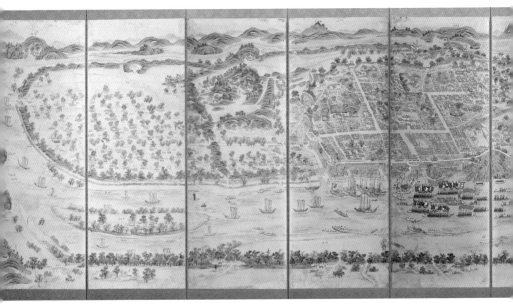

기성도병(서울역사박물관 소장)

자체를 중요하게 본 '평양성도'라는 이름이 더 마음에 든다.

서울역사박물관의 기성도병에서 평양의 전체 윤곽을 보려면 약간 떨어져서 봐야 한다. 평양 아래쪽으로는 대동강이, 위쪽으로는 보통강이 흐른다. 방위로 따지면 아래가 동쪽이고 위가 서쪽이다. 그림을 보면 하얀 선들이 도시를 에워쌌는데, 이 선이 평양을 두른 북성과 내성이다. 내성 안에는 조선의 내로라하는 대도시답게 집들이 빼곡하게 들어찼다.

삼면이 강으로 둘러싸인 평양의 모습을 옛 사람들은 배라고 믿었다. 이 배를 안전하게 타고 가려면 배에 구멍이 나면 안 된다. 때문에 평양에서는 우물을 파지 않았다고 한다. 물은 강에서 길어다 먹거나 사 먹거나. 평양

물장수와 대동강 물을 팔아먹은 봉이 김선달은 이렇게 탄생했다. 우물을 파지 않은 것으로 고민이 깔끔하게 해결되지는 않았다. 평양이 떠내려가지 않게 닻을 내렸다. 실제로 대동강 옆 연광정 앞 강바닥에서 닻의 역할을 한 것으로 보이는 쇳덩이가 발견되었다.

한양에 숭례문이 있다면 평양에는 대동문이 있다. 평양의 랜드마크인 대동문은 평양성의

'기성도병' 속 대동문과 연광정

'선 김홍도 필 평안 감사 향연도' 속 대동문

관문으로 매우 웅장하다. 2층 문루에는 '읍호루(挹灝樓)'라는 현판이 걸렸다. 읍호는 문루에서 손을 내밀어 대동강의 맑은 물을 떠올린다는 멋진 뜻이다. 이곳에서 큰길을 따라가면 사신들이 묵는 대동관이 나오고 다시 조금만 더 올라가면 평안 감사가 일하던 으리으리한 감영이 등장한다. 대동관 뒤편으로는 기자의 사당인 숭인전이 나타나고 바로 위쪽에서 단군과 고구려의 시조 동명성왕의 사당인 숭령전이 묵직한 평양의 역사를 드러낸다.

평양은 누각과 정자의 도시로, 대동강을 따라 전국적인 명성을 얻은 건물들이 늘어섰다. 그 가운데 정자로는 연광정, 누각으로는 부벽루, 대로는 을밀대 삼총사의 이름이 드높다.

대동강에 비친 햇살이라는 뜻의 연광정(練光亭)은 안으로는 평양 시내를 살펴보고 밖으로는 대동강을 감상할 수 있는 곳이다. 이곳에서 바라보는 풍경에 취한 명나라 사신 주지번은 이런 현판을 썼다.

'천하제일강산(天下第一江山)'

관서팔경의 하나인 연광정과 더불어 최고의 풍경을 자랑하는 곳이
부벽루(浮碧樓)다. 대동강 푸른 물에 떠있는 듯하다고 해서 얻은 이름답게
대동강 절벽에 자리 잡았다. 앞으로는 버드나무가 늘어진 모습이 비단
같다고 해서 이름을 얻은 능라도가 펼쳐지고 뒤로는 봄놀이로 제격이라는
모란봉이 솟았다. 고려시대 김황원은 부벽루에 올랐다가 경치에 취해 시를
짓기 시작했다.

긴 성 한쪽 면에는 일렁이는 강물
넓은 들 동쪽 너머에는 점처럼 늘어선 산

그러나 하루 종일 고민해도 다음 시구가 도무지 떠오르지 않았다. 결국
시를 완성하지 못한 김황원은 통곡을 하며 부벽루를 떠났다. 김황원의
사연을 들었는지 몰라도 정지상은 최고의 이별시 <송인(送人)>을 완성했다.

비 그친 긴 둑엔 풀빛이 짙은데
그대 보낸 남포엔 슬픈 노래 울리네
대동강 물은 언제 마를까
해마다 이별의 눈물 푸른 물결 더하네

을밀대(乙密臺)는 평양의 여러 명소 가운데 그마나 익숙하다. 절반은 '을밀대'라는 평양냉면집 덕분이고 나머지 절반은 강주룡 덕분이다. 1931년 5월 29일 평양 평원 고무공장 노동자 강주룡은 임금 삭감에 항의하며 일본 경찰에 끌려 내려올 때까지 8시간 동안 지붕 농성을 벌였다. 을밀대 뒤는 절벽이었다. 우리나라 최초의 고공 농성이었다. 강주룡은 시붕에 올라간 이유를 이렇게 밝혔다.

"제가 이리 높은 곳까지 오른 데에는 억울한 제 사정이 아니라 함께 일하는 수많은 이들의 목소리를 이렇게라도 전하지 않으면 안 될 것 같아서입니다."

을밀대 아래 선연동(嬋娟洞)은 좀 특별한 곳이다. 평양성 안에 있는 기자의 묘가 드러내고 싶은 영광의 공간이라면 성 밖 선연동은 조용히 잊혀지는 자들의 무덤이다. 무덤의 주인은 평양 기생들이었다. 조선의 문인 권필은 선연동의 소회를 이렇게 읊었다.

해마다 봄빛이 거친 무덤에 찾아오면
꽃단장한 듯 풀 치마 두른 듯하네.
수많은 꽃다운 넋들 날려 흩어지지 않고
오늘도 비 되었다 구름 되었다 하네.

평양 기생은 선연동으로 갔고 을밀대의 강주룡은 유치장에서 단식

'기성도병' 속 평안 감영

'기성도병' 속 을밀대

'기성도병' 속 부벽루와 영명사

투쟁을 벌이다 병을 얻어 다음 해 행려병자가 되어 쓸쓸하게 세상을 떠났다.

'평양성도'가 평양을 답사하는 기분을 들게 하는 그림이라면 '평안 감사 부임 환영 그림'은 조선 후기 평양 생활의 한 단면을 보여주는 그림이다. 평양 하면 떠오르는 말이 "평안 감사도 제 싫으면 그만."이다. 이 말처럼 평안 감사는 조선 사람들의 로망이었다. 평양 그림 중에 평안 감사의 위세를 드러낸 그림이 여럿이다. 그 가운데에서도 최고봉은 국립중앙박물관에 있는 평안 감사 부임 환영 장치를 그린 세 장의 그림(전

'전 김홍도 필 평안 감사 향연도' 중 뱃놀이

김홍도 필 평안 감사 향연도)이다. 평양 최고의 잔치 장소인 연광정이나
부벽루에서 벌이는 잔치까지는 그럴 수 있겠다 싶은데, 대동강
뱃놀이를 보면 입이 딱 벌어진다. 지금도 한강에 유람선이 오르내리듯이
대동강에서도 예부터 배를 타고 노는 뱃놀이가 유행했다. 언뜻 보아도
대단한 규모의 뱃놀이는 오랜 동안 축적된 경험의 결과였다. 고려시대
임금은 대동강에서 뱃놀이를 즐겼고 조선에도 사신이 평양에 머물 때
뱃놀이는 빠지지 않았다. 사정이 이러니 자연스레 뱃놀이 노하우가 발달할
수밖에 없었다.

특히 이들은 밤중에 뱃놀이를 벌였는데, 어떻게 했을까? 요즘 한강에서

불꽃축제가 열리듯 200년 전 대동강에서도 횃불 축제가 열렸다. 수많은
사람들이 강가에서 횃불을 들고 밤을 밝혔다. 강물에도 횃불을 띄웠는데,
물 위로 그 빛이 반사되어 더 반짝거렸을 것이다. 배에도 횃불이 일렁인다.
사람들이 성벽 위에서, 대동강 변에서 줄을 지어 불을 밝히고 대동강에도
계속해서 횃불을 띄운다.

지금도 불꽃축제가 열리면 한강이 사람들로 북새통을 이루는 것처럼
한밤중 대동강 뱃놀이도 놓칠 수 없는 구경거리였던 터라 여기저기서
사람들이 몰려들었다. 행여 늦을세라 손자가 할아버지를 부축하고 아빠는
아이를 안고 강가로 달려간다. 당시 평양에서 치른 행사 중에 이만한

볼거리는 없었다.

뱃놀이에는 많은 배가 동원되었다. 가장 큰 배인 정자선 가운데에 떡하고 버티고 앉은 사람이 그림의 주인공 평안 감사다. 배 앞에는 악공들이 음악을 연주하고 있다. 뒤로 술과 음식을 준비하는 배가 보인다. 준비된 술상은 큰 배로 옮기는 중이다. 배 행렬 앞에서는 노란 군복을 입은 취타대가 분위기를 고조시킨다. 19세기 중국에 사신으로 다녀온 홍순학은 이곳에 머물렀을 때 "갖은 음식 차례대로 갖추어져 놓여있고 한편에는 풍악이요 술상이라…"라며 평양 뱃놀이의 분위기를 기록했다.

배 위에 거만하게 앉아있는 평안 감사를 보면 세상 부러울 것 없는 표정이다. "내가 바로 평안 감사라고!" 평안 감사의 기세등등한 위세가 하늘을 찌를 것 같다. 《청구야담》에 평안 감사였던 김약로가 평양의 풍경에 흠뻑 빠져 병조판서를 마다했다고 전할 정도다.

또 같은 책에 이런 이야기도 실렸다. 늙은 부부에게 영특한 아이가 있었다. 그 아이가 하루는 평안 감사가 부임하는 행렬을 보고 큰 충격을 받았다. '사내대장부라면 평안 감사는 해봐야지.' 아이는 시름시름 앓다 그만 세상을 떠났다. 그 아이는 좋은 집안에 환생하여 꿈에 그리던 평안 감사가 되었다. 그리고 평양에서 생전의 부모를 만나 부모를 위해 집과 논을 마련해주었다. 당시 평안 감사에 대한 로망이 어느 정도였는지 짐작할 수 있다.

연암 박지원의 손자이자 1866년 평안 감사에 제수된 박제가도 얼마나 자랑스러웠던지 이렇게 말했다.

"사대부로서 사방에 나가 벼슬하는 이들이 모두 이 자리 얻은 것을 영광으로 여긴다."

조선 사람의 로망 평안 감사의 힘은 어디에서 나왔을까? 이 지역의 세금은 한양으로 가지 않고 평안도에서 자체적으로 사용했는데, 평안 감사가 세금에 대한 전권을 쥐었다. 18세기 중엽 이후 모아놓은 돈이 늘어나면서 그 돈을 밑천 삼아 상업에 투자해 돈을 불리기도 했다. 또 이 지역은 삼남 지방에 비해 토호의 힘이 강하지 않아 지방관에 대한 견제가 심하지 않았다. 판서 부럽지 않은 평안 감사의 위세는 돈과 행정과 사법과 병권을 쥔 권력에서 나왔다.

조선 후기 평양의 상인들은 중국과 공식적인 무역에 참여하거나 때로는 밀무역을 하며 부를 축적해 한양, 개성, 의주, 안주 상인과 어깨를 나란히 했다. 또한 국내적으로는 안정적인 연안 해로가 확보되면서 해로를 통한 전국적인 유통망을 확보했다. 남부 지방의 물자가 평양에 모였다가 평안도 각 지역으로 공급되었다. 상업이 발달하면서 평양으로 돈이 몰렸다. 조선 후기 문인 이옥은 평양을 가게가 별처럼 늘어서고 상인들이 개미처럼 모여들고 멋쟁이 사내와 화장한 여인들이 노는 곳으로 묘사했다.

"평양은 재화가 충만하기로 우리나라에서 으뜸이다. 감사가 된 자는 하던 관습을 따라 바로 탐관이 된다."

실학자 이익은 큰 권력을 쥔 평안 감사의 부패한 실상을 이렇게 기록하고는 깨끗한 평안 감사로 이준경과 김덕룡 단 두 사람만 꼽았다. 그래서인지 평안 감사의 다른 이름은 평안도 지방의 염라대왕이었다. 평안 감사도 제가 싫으면 그만이라지만 정작 평안 감사를 마다했다는 이야기는 아직까지 듣지 못했다.

공간을 담은 그림은 보는 순간 시간 여행자로 변신한다. 그림를 보는 동안 갈 수 없는 곳을 다니고 지나간 시간을 거슬러 올라간다. 마법처럼.

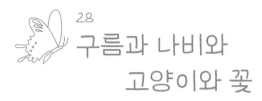

28
구름과 나비와
고양이와 꽃

박물관에서 일할 때 박물관 특성상 청자를 많이 보았다. 그 가운데 상감
청자도 많았는데, 상감 청자의 대세 문양은 운학문, 즉 구름과 학이었다.
여기도 구름과 학, 저기도 구름과 학이었다. 고려 사람들은 구름과 학을 왜
이렇게 많이 그렸나 싶었다. 게다가 구름 문양이 독특했다. 뭉게구름처럼
둥글둥글하지 않고 갈지(之)자 모양처럼 지그재그로 생겼다. '이런 구름을
본 적이 있나? 왜 이렇게 구름을 그렸을까?' 문득 이런 생각을 하는 순간
오기가 발동했다.

  확인하려면 하늘을 봐야 한다. 출근길에, 점심 때, 퇴근길에 보고
휴일에도 보며 그렇게 1년이 흘렀다. 처음 갈지자 구름을 눈앞에서 봤을

때 "아, 실제로 있기는 있는 구름이구나."라며 혹시 학과 짝하는 영지
버섯을 표현했을지 모른다는 추정을 접었다. 현실에서 볼 수 있다는 걸
확인했으니 이제 그만 찾아볼까 하다가 이번에는 다른 욕심이 생겼다.

'얼마나 자주 볼 수 있을까?' 그 구름은
무척 귀해서 어쩌다가 나타났다. 1년 뒤
결론을 내렸다. 볼 수는 있지만 청자의 이
구름은 생동감 넘치는 기운을 표현하려고
갈지자로 그렸다고.

호기심으로 출발한
구름 찾기였지만
매일 하늘을
쳐다보다 보니 그
자체가 재미있었다.
하늘에서는 순간순간
예상하지 못한 일들이
일어났다. 소나기 그친
뒤 육교에서 본 도시의
하늘은 깨끗한 계곡물에
들어갔다 나온 듯
갓맑았고 저녁빛을 받은

청자 상감운학문병형 주자(호림박물관 소장)

구름은 시시각각 카멜레온처럼 제 몸빛을 바꾸었다. 옛 기록에 특별한 징조로 나오는 무지갯빛 채운도 그때 만났다. 평생 볼 하늘을 그때 모두 본 듯했다. 1년쯤 지나자 구름 찾기는 시들해졌고 점점 하늘은 멀어졌다. 그때부터였다. 뭔가에 미쳤다는, 특히 남들이 대수롭지 않게 여기는 것에 미친 사람들 작품을 만날 때면 왠지 모르게 마음이 짠했다.

나비와 고양이와 꽃에 미치다

남계우. 남나비라는 별명으로 유명한 19세기 화가의 작품이 그랬다. 그가 열여섯 살 때였다. 집 안에 날아든 나비를 잡으려고 나비를 뒤따라 10리를 달려가 결국 동대문 근처에서 잡았다고 한다. 전설 같은 이야기를 들은 어느 봄날, 나비를 만나면 사진이라도 찍어보려고 이리저리 뛰어다녔다. 나비가 얼마나 순식간에 움직이던지 제대로 찍힌 사진이 없었다. 이런 나비를 10리나 따라가다니! 어떤 사람들은 그까짓 나비 잡겠다고 그럴까 싶겠지만 한편으로 그 마음이 이해되었다.

　남계우가 그린 그림은 대략 90여 점이 전한다. 그런데 몇 점을 제외한 나머지 작품이 모두 나비 그림이다. 이 정도면 남나비라는 별명이 아깝지 않다. 그러나 단지 나비 그림을 많이 그려 이 별명이 붙었다고 생각하면 큰 실례다. 나비 그림의 힘은 집요하게 나비의 생태와 모습을 관찰한 데 있다. 그의 진가를 알아본 사람이 생물학자 석주명이다. 일제강점기 때 나비에 미친 생물학자 석주명은 자기와 같이 나비에 미쳤던 남계우를 주목했다.

그는 남계우의 그림에서 당시 서울에서 볼 수 있는 37종의 나비를
찾아냈다.

석주명은 남계우란 인물이 너무 궁금했다. 남계우는 세상을 떠나고
없었지만 그의 후손을 찾아가 인터뷰하고, 남계우에 관한 글들을
발표했다. 석주명이 들은 남계우는 어떤 사람이었을까?

"일호(남계우)는 나비를 잡아서는 흔히 책갈피에 차례로 넣어
두었다는데, 춘하추동 사절 어느 때나 기분이 날 때마다 책에서 나비를
꺼내서 그림을 그렸답니다. 일호가 그린 그림은 대부분이 실물 크기로
그려져 있으니, 씨의 그림은 요사이 우리가 보는 도보(圖譜)와 같습니다.
그가 그림을 그릴 때는 나비를 창에 대고 그 위에 용지를 비치고, 연필이
없던 때라 연필 대신 버들가지로 숯을 만들어 먼저 나비의 윤곽을 뜨고 그
위에 중국 물감으로 원색대로 칠했답니다."(원문은 석주명, 「조선산접류연구사」,
『조광』, 1940년 2월호. 위 글은 원문을 현대어로 고친 것(정민, 「정인보와 석주명, 그리고
남계우」, 『(사)제주학회 제48차 전국학술대회 발표집』, 제주학회, 2018, 30쪽))

이 글을 읽다 보면 남계우가 나비를 창에 대고 그림 연습을 하는
장면이 떠오른다. 다른 일은 까맣게 잊고 오직 그림에 몰두하는 그를 만날
수 있다. 어쩌면 주위 사람들은 사대부 체면에 지금 뭐 하는 짓이냐며
비아냥거렸을지 모른다. 그러나 그는 그만두지 않았고 평생 나비 그림을
그렸다. 그의 집안은 권력에서 밀려났다고 해도 한때는 어엿한 양반
가문이었다. 그를 연구한 사람들은 그가 나비 그림에 몰두한 배경의

하나로 권력에서 밀려난 가문의 상황을 꼽는다. 그렇다 해도 나비에 미치지 않고서야 이럴 수 있을까.

남계우의 대표적인 나비 그림 가운데 하나가 국립중앙박물관에 소장되었다. 사진으로만 보던 작품(화접도)을 전시실에서 만났을 때 절로 입이 벌어졌다. 전시실이 꽤 어두웠는데도 그림 속 화사한 나비들 덕분에 환하게 밝아진 것 같았다.

그의 그림에는 19세기 조선 하늘을 주름잡던 나비들이 날아다녔다. 오른쪽 그림 아래쪽부터 꽃에 앉으려는 노랑나비, 거미줄 같은 줄무늬와 우아한 날개가 돋보이는 호랑나비, 동그란 무늬가 선명한 남방공작나비, 살짝 먹물이 번진 듯한 대만흰나비, 노란색이 특징인 노랑나비, 날개 끝이 꼬리처럼 튀어나온 제비나비, 반원형으로 컴퍼스를 돌린 듯한 부전나비, 하나는 싫다며 다양한 무늬로 날개를 장식한 황오색나비, 작은 동그라미들이 보이는 굴뚝나비, 얼핏 표범 무늬를 떠올리게 하는 네발나비가 보인다.

왼쪽 그림 맨 아래를 잘 보면 대추흰나비가 잎사귀에 대롱대롱 매달렸다. 위쪽으로는 제비나비가 꽃을 향하고 있고, 줄무늬가 연한 봄처녀나비가 그 뒤를 따른다. 모란 옆으로 아래쪽에는 갈구리신선나비가 날아가고 그 위로 호랑나비가 날아든다. 호랑나비 위로 물결나비(추정)와 이름을 알 수 없는 나비가 날고 있다. 맨 위에는 하얀 옷을 입은 배추흰나비, 꼬리가 달린 듯한 꼬리명주나비, 제비나비가 날고 있다. 두

화접도

폭의 그림에서 한두 종의 나비를 빼고는 모두 종류를 파악할 수 있을
정도로 섬세하다.

19세기에는 나비에 미친 남계우가 있었다면 한 시대 앞선 18세기에는
누가 있었을까? 고양이 그림으로 최고의 경지에 올라 변고양이라는
별명을 얻은 변상벽, 꽃 그림에 미친 김덕형이 있었다. 이들도 누구 못지
않게 집요했고 끈질겼다.

고양이 그림 하면 변상벽의 그림 한 점이 생각난다. 나무를 오르던
고양이가 고개를 돌려 내려다보고, 아래 있는 고양이는 고개를
돌려 나무를 오르는 고양이를 보는 모습이 매력적인 묘작도이다.
국립중앙박물관 전시실에서 이 그림을 봤을 때 마치 연예인을 실제로 본
듯한 기분이었다. "변상벽의 고양이다!" 사진으로 봤을 때는 알 수 없는
섬세한 고양이털을 보자 소름이 끼쳤다. 그 털 하나하나가 관심과 관찰의
결과였다. 나무를 타고 올라가는 고양이의 뒷다리 근육은 몸을 지탱하려는
듯 힘차다. 나무 위에서 고개 돌린 고양이의 시선이 멈추는 곳에서 고개를
돌려 위를 올려다보는 다른 고양이를 만난다. 이 그림의 하이라이트다.
얼굴을 돌린 이 각도에서 보이는 고양이의 귀와 눈, 코, 수염, 입은
이 고양이를, 이 그림을 살아있도록 만든 힘이다. 변상벽은 꼬리까지
섬세하고 정확히 표현해 생동하는 그림을 완성했다.

"내가 고양이를 키워봐서 아는데 고양이 표현이 정확해서 놀랐어요."
고양이를 좋아하는 사람들에게 이런 평가를 받지만 처음부터

묘작도

변고양이는 아니었다. 변상벽에게 고양이 그림을 얻은 정극순은 《연뇌유고》 중 <변씨화기> 편에 변상벽의 말을 기록했다.(아래 세 부분의 변상벽 관련 번역문은 다음 논문을 인용(이종묵, 「정극순의 『연뇌유고』 : 서양화, 변상벽, 매합에 대한 이야기를 겸하여」, 『문헌과 해석』36, 문헌과 해석사, 2006, 93쪽)

"재주란 넓으면서도 조잡한 것보다는 한 가지에 정밀하여 이름을 이루는 것이 낫다고 생각하오. 나 또한 산수화 그리는 것을 배웠지만 지금의 화가를 압도하여 그 위로 올라설 수 없다는 것을 알았기에, 사물을 골라 연습을 하였지요."

전통의 강자 산수화 장르에는 이미 대가들이 많아 경쟁력을 얻기 어려웠다. 그 대신 한 가지에 몰두해서 확실히 성공할 수 있는 분야를 모색했다. 최고의 화가가 되기 위해 어떤 분야를 선택했을까?

"고양이는 가축인지라 매일 사람과 친근해 그 굶주리거나 배부르고, 기뻐하거나 성내고 혹은 움직이거나 가만히 있거나 하는 모습을 쉽게 관찰하여 익숙하게 되지요. 고양이의 생리가 내 마음에 있고 모습이 내 눈에 있게 되면 그다음에는 고양이의 형태가 내 손을 닿아 나오게 됩니다."

고양이를 뜻하는 '묘(猫)'는 칠십을 나타내는 '모(耄)'와 중국어 발음이 비슷해 칠십을 축하하는 그림이나 장수를 상징하는 그림의 소재로 인기가 높았다. 또한 선비에게는 책을 갉아먹는 쥐를 잡는 고마운 존재이기도 했다. 이런 점에서 고양이 그림은 나름 시장성 있는 분야였다. 다만 주위에서 쉽게 볼 수 있기 때문에 어설프게 그렸다가는 대번에 사람들에게 조롱을 받기 쉬웠다. 변상벽은 자기가 말한 대로 관찰하고 또 관찰했다. 남계우가 나비를 유리병 안에 넣고 움직이는 나비를 관찰한 것처럼. 마침내 그는 그의 손을 따라 고양이가 나오는 경지에 다다랐다.

"나의 고양이가 인간 세상에 있는 놈이 수천 수백 마리인지 알 수 없지만 내 마음과 손에 있는 놈 또한 헤아릴 수 없습니다. 이것이 내가 일세에 독보적인 존재가 된 까닭입니다."

드디어 그는 자신의 마음과 손에 있는 고양이가 몇 마리인지 셀 수 없다고 스스로 감탄하는 경지에 이르렀다. 변상벽은 그에 맞게 수많은 고양이를 그려냈다. 이 경지에 이르려면 미쳐도 단단히 미쳐야 하지 않을까? 변상벽은 고양이 명작들을 남겨 그의 말을 후세에 증명했다(변상벽은 초상화에도 뛰어났으며 닭 그림도 잘 그렸다).

이런 면에서 변상벽은 행복한 편이었다. 미치긴 미쳤는데 이를 증명할 작품 하나 남아있지 않은 작가도 있다. 바로 김덕형이다. 그는 꽃에 미친 화가였다. 당시 한양을 중심으로 꽃을 기르고 관찰하는 일이 유행했다. 이런 분위기 속에서도 그는 더 독특해 실학자 박제가는 김덕형의 꽃 그림책인《백화보》의 서문에 이렇게 썼다.

"김군은 꽃밭으로 서둘러 달려가서 꽃을 주목하며 하루 종일 눈도 깜빡이지 않고, 오도카니 그 아래에 자리를 깔고 눕는다. 손님이 와도 한마디 말을 나누지 않는다. 이를 보는 사람들은 반드시 미친 사람 아니면 멍청이라고 생각하여, 손가락질하며 비웃고 욕하기를 그치지 않는다."(정민,

균와아집도

『미쳐야 미친다』, 푸른역사, 2004, 16쪽)

사람들이 비웃고 욕해도 미친 듯 꽃보기를 그치지 않았던 화가 김덕형. 안타깝게도 그가 욕을 먹으며 관찰해 그린 꽃 그림 가운데 지금까지 알려진 작품이 없다. 이상한 일이다. 그나마 그의 얼굴은 그림으로 남아 다행이었다. '균와아집도'에서 어린 시절의 모습을 찾을 수 있다. 이 그림에서 그는 18세기를 주름잡던 강세황, 심사정, 최북, 김홍도 같은 화가들과 같이 등장했다. 강세황 곁에 있는 십 대 초반의 아이가 훗날 꽃에 미쳤다고 손가락질 받던 김덕형이다. 그는 자신을 비웃는 세상 사람들에게 이렇게 말하고 싶지 않았을까.

"내가 즐거워서 하는 일인데 왜 당신들에게 비웃음을 받아야 하지? 내가 좋으면 그만인걸."

남계우, 변상벽, 김덕형. 이들은 모두 미친 사람들이다. 그들은 원대하고 높은 기상이 아니라 사소해 보이고 시시해 보이는 것에 미쳤다. 형이상학적 세계가 아니라 주변에서 흔히 볼 수 있는 나비, 고양이, 꽃이 그들의 관심사였다. 김덕형은 바보 소리까지 들었다. 그러나 그들은 자신들의 그림으로 반문한다.

"이게 뭐 어때서! 당신도 당신 마음대로 해봐. 미친 듯이 해봐. 그래야 미치는 거 아닌가!"

29
분청사기의 힘

"이건 피카소 물고기예요. 눈 좀 보세요."

"음, 가자미 눈 아닐까요. 광어 같기도 하고요."

이 작품이 전시되면 지나치지 않고 멈춰서 관람객들에게 설명한다. 한쪽에 몰린 두 눈을 가진 물고기가 물과 상관없다는 듯 공중부양을 하는 걸 보고 있으면 어느새 마음이 편안해진다.

이 분청사기 병의 매력 포인트는 누가 뭐래도 눈이다. 동그랗게 뜬 두 눈으로 하늘을 보는 건지 사람들을 보는 건지 알 수 없지만 보면 볼수록 빠져든다. 도공은 어떻게 두 눈을 한쪽에 몰아 그릴 마음을 먹었을까? 정말 가자미 눈에서 힌트를 얻었을까? 도공의 고향이 바닷가였을지

분청사기 상감파도어문 병

모를 일이다. 물 바닥에 붙어 살아
두 눈을 한쪽으로 모아 세상을 보려
했다는 가자미처럼 도공 역시 물고기의
두 눈을 한쪽으로 모아 사람들의
시선을 사로잡았다. 이 '분청사기
상감파도어문 병(보물1455호)'은
호림박물관에 다닐 때 보물로
지정되었는데, 문화재
위원들이 분명 이 두 눈을
보면 반하지 않을 수
없었을 거라고 마음대로
믿었다.

　　물고기 분청사기가
보물이 된 지 2년 뒤
다른 분청사기 병이
보물이 되었다. '분청사기
상감모란류문 병(보물 1541호)'은
모든 게 꿈틀거렸다. 스피커처럼
생긴 병의 입마저 꿈틀거리는 듯했는데,
거기에서는 이런 소리가 나는 것 같았다.

"난 평범한 것은 거부해. 틀에 맞추는 것도 거부해. 난 나야!"

병에 있는 꽃, 꽃은 꽃인데 무슨 꽃일까? 겨우 모란이라는 걸 알아챌 수 있도록 했지만 도공이 베푸는 친절은 딱 거기까지다. 맞은편 면으로 돌아가면 모란인지 연꽃인지 모를 꽃이 솔바람 정도가 아니라 태풍에 몸을 맡긴 채 쉼 없이 춤을 추고 있다. 이쯤 되면 한바탕 신명난 춤판을 벌이는 춤꾼의 춤사위 같다. 누를수록 더 세게 사방으로 튀어나가려는 에너지 덩어리다.

분청사기 상감모란류문 병 앞과 뒤

이 작품은 조연마저 주연이다. 앞뒤의 모란이 화려한 스포트라이트를 받고 있지만 양옆의 버드나무는 다소곳한 조연에 만족하지 않는다. 버드나무는 있는 대로 자기 몸을 구부려 끊임없이 요동친다. S자를 그리며 늘어진 버드나무 잎들은 한술 더 떠 헤엄치는 물고기 떼처럼 버드나무 사이를 쉼 없이 누비고 다닌다. 병 안에 바람을 만드는 알라딘 요술램프의 지니가 들어있나 보다.

이 두 작품에서 어떤 공통점을 찾을 수 있을까. 우선 둘 다 분청사기이고, 뛰어난 작품이라는 점이다. 또 무늬를 정교하게 하거나 절제하기보다 표현하고 싶은 대로 표현했다는 점도 빼놓을 수 없다. 그리고 조선 초기인 15세기에 만들어졌다. 15세기라면 성리학으로 무장한 성리학자들이 조선을 성리학의 나라로 만들겠다며 칼을 갈던 시대라고 역사책에서 강조한 바로 그때다. 규칙과 질서를 강조했을 것 같은 시대에 어떻게 이런 작품들이 탄생했을까?

껄껄 웃음 짓게 만드는 자유로운 분청사기

분청사기의 탄생을 이해하기 위해서는 고려 말로 눈을 돌려야 한다. 이때 왜구가 고려의 해안가를 자주 공격해 물자를 약탈했다. 심지어 배를 500척이나 동원하는 등 전쟁을 방불케 했다. 왜구를 물리친 무장 이성계가 고려의 전국구 스타로 떠오를 정도로 왜구는 큰 문제였다. 고려 정부에서는 어쩔 수 없이 위험을 줄이기 위해 바닷가에 있던 곡식과 물자 창고를 내륙으로 옮겼다. 또 배로 개경까지 물자를 옮기는 방법을 포기하고 육로를 이용하는 비상 대책을 세웠다.

이런 상황에서 청자는 어떻게 되었을까? 청자 제작의 중심지인 강진은 전라남도 바닷가에 있어 늘 왜구의 위협에 직면했다. 또 뱃길을 따라 수도 개경으로 운반되던 막대한 양의 청자도 역시 안전하지 못했다. 고려 정부는 물자 창고를 내륙으로 옮겼던 것처럼 청자의 제작지도 내륙으로 옮겨 위험을 줄이려 한 것으로 보인다. 내륙으로 이동한 강진의 청자는 민들레처럼 여러 곳에 분청사기의 씨앗을 퍼뜨려 조선 초기에는 고려를 주름잡던 청자가 역사 속으로 물러나고 청자와 비슷한 듯 다른 분청사기가 뒤를 이어 꽃피기 시작했다. 세종 때에는 도자기 제작소가 전국에 100여 곳으로 늘어났다.

고려시대 때 청자는 소수만 사용할 수 있는, 특권과 신분을 상징하는 그릇이자 위세품이었다. 그러나 고려 말 여러 곳에서 청자를 만들기 시작하면서 많은 사람이 청자를 사용할 기회가 늘어났고, 청자의 후계자인 분청사기에 이르자 대중적인 그릇으로 변모했다. 소수의 그릇에서 다수의 그릇으로 바뀌는 순간이었다. 도자기의 새로운 변화와 가능성을 재빨리 알아챈 고려 말 관료들은 금속 그릇 대신 도자기 그릇을 널리 쓰도록 해야 한다고 주장해 도자기의 대중화에 힘을 실었다. 이미 시작된 문화를 돌이키기란 거센 물길을 거스르는 것보다 어렵다.

분청사기는 많은 제작소만큼이나 개성적이었다. 충청남도 학봉리에는 검은색과 갈색 철화 물감으로 힘차게 그림을 그린 분청사기가, 전라북도 용산리에서는 하얗게 칠을 하고 선으로 그림을 그리는 분청사기가 유행했다. 마치 팔도 사투리처럼 지역마다 분청사기의 맛도 달랐다.

국가에서는 분청사기 제작소에 어느 정도 관여한 것으로 보이지만
그렇다고 고려청자처럼 일률적으로 통제하지는 않았다. 또한 상당량은
민간에서 소비되었다. 때문에 지역의 정서와 도공의 개성이 반영될 공간이
그만큼 넓어져 다양한 분청사기들이 제작될 수 있었다.

제작 지역이 넓어지고 국가의 통제가 줄고 소비층이 확대되면서
분청사기는 역사상 그 어떤 도자기보다도 강렬한 에너지를 담았다. 오래
봐야 제맛을 알 수 있는 청자와 달리 단박에 알아볼 수 있고, 흰색으로

공주 학봉리 분청사기

고창 용산리 분청사기

분청사기 조화어문 장군

사람들을 바짝 긴장시키는 백자와 달리 푸근하게 마음을 풀어주고 때로는 껄껄 웃음 짓도록 만들었다. 청자의 후계자인 분청사기는 도자기의 새로운 아이콘 백자와 경쟁하면서 자신만의 길을 만들어나갔다.

분청사기는 색이 아니라 무늬에 승부를 걸었다. 그릇에 무늬를 파내고 다른 색의 흙을 집어넣어 그림을 그리는 상감 기법은 청자를 계승한 것이었지만 무늬만큼은 무척 자유로워졌다. 새로운 돌파구를 모색하던 분청사기는 자기 몸을 하얗게 칠해 청자와 완전히 결별했고, 물감으로 그리거나 음각으로 그림을 그려 백자와 차별성을 두었다. 때로는 이마저 귀찮으면 하얀 칠을 한 채로 백자인 체했다. 그림을 그릴 때는 하나하나 온갖 정성을 들이지 않고 능숙한 솜씨로 빠르게 그림을 그려나갔다. 대신 도공들은 간단한 선만으로 사람들을 휘어잡았다. 현대인들이 열광하는 분청사기의 감각은 쌓이고 또 쌓인 경험의 결과였다. 순간적인 즉흥성마저도 그랬다.

한번은 사람들이 어떤 분청사기를 선호하는지 파악하려고 국립중앙박물관에 전시된 분청사기를 대상으로 간단한 설문조사를 한 일이 있었다. 이때 여러 종류의 분청사기 가운에 국보를 제치고 큰 지지를 받은 유물은 철화 물감으로 물고기를 그린 학봉리 분청사기였다. 사람들은 왜 학봉리 분청사기에 매료되었을까?

학봉리에서는 주로 철화 분청사기를 제작했는데, 신성한 계룡산의 기운을 받아서인지 뭔가 남다르다. 몇 개의 선으로 간략하게 그린, 기운이

펄펄 넘치고 인상으로 한몫하는
물고기 얼굴을 보고 있으면 왜
사람들이 좋아하는지를 알 수 있다.
특히 학봉리 분청사기를 스타로
만든 인상파 물고기는 쏘가리다.
쏘가리는 맛 좋고 몸보신하기

학봉리 가마에서 만든 것으로 보이는 철화 분청사기 병들

좋은 최고의 먹을거리였다. 그래서였는지 천자어(天子魚)로도 불렸다.
당시 기록인《신증동국여지승람》을 보면 쏘가리는 전국에서 잡혔다. 그
가운데에서도 학봉리 근처인 금강에서 잡히는 쏘가리가 가장 특별했다.

분청사기 상감연화수금문 매병

19세기 기록이긴 하지만 순조의
명을 받아 편찬한《만기요람
》에 보면 공주 금강에서 잡히는
쏘가리가 궁궐에 진상되었다는
기록이 있다. 진상될 정도면 이곳의
쏘가리가 일찍부터 이름났을
가능성이 높다. 한편 쏘가리는
궐어(鱖魚)라고도 부르는데, 궁궐의
궐(闕)과 발음이 같아 과거에 합격해
궁궐에 들어가 관리로 출세하는
것을 상징한다. 팔방미인 쏘가리는

학봉리 분청사기 속으로 들어가 학봉리의 트레이드 마크가 되었다.

쏘가리를 포함한 각종 물고기는 연꽃, 모란, 풀 문양과 더불어 인기 높은 분청사기 문양이었다. 여러 박물관 가운데에서도 국립중앙박물관 분청사기·백자실은 다양한 물고기가 헤엄쳐 다니는 거대한 수족관 같다. 이 전시실을 어슬렁거리다 보면 팔도 사투리처럼 개성이 펄떡거리는 물고기들을 낚게 된다. 그중에서도 공룡처럼 목을 길게 늘인 학을 보고 깜짝 놀란 듯 배영으로 헤엄치는 물고기를 보면 절로 입이 벌어진다. 어떤 물고기를 보든 개성이 넘친다.

사람을 웃게 만들던 자유로운 분청사기는 시대의 대세 백자에 밀려 역사에서 자취를 감춘다. 분청사기가 전하던 자유로움과 해학은 임진왜란과 병자호란이라는 큰 시련을 겪은 뒤 구원투수로 깜짝 등장한다. 자연재해로 흉년이 들고 전염병마저 돌던 때였다. 이번에는 분청사기 대신 백자에 철화 물감으로 물고기 대신 용을 그렸다. 이때 용은 용 그림 역사상 가장 파격적이어서 심지어 머리 없는 용이 등장하기도 했다. 분청사기는 사라졌어도 그 힘은 잠류하고 있었다.

백자 철화운룡문 호

사진 세 장

고미술 전문 박물관과 근현대사 박물관의 전시실은 어떤 점이 다를까? 바로 사진이다. 국립중앙박물관에서는 대한제국실을 제외하면 사진을 보기 어려운 반면 대한민국역사박물관에서는 손쉽게 사진을 찾을 수 있다. 근현대사 박물관일수록 사진의 비중이 훨씬 높아 사진이 중요한 전시 자료로 사용된다. 그 시대에 촬영된 사진은 그 시대를 담은 증거이자 그 시대로 이끌어주는 뛰어난 안내자다. 호림박물관은 고미술을 중심으로 전시하기 때문에 사진을 전시에 활용하는 일은 거의 없었고, 따라서 사진을 어떻게 전시에 활용해야 할지 고민할 일도 거의 없었다.

사진은 근현대사 박물관으로 답사를 다니면서 자연스럽게 접했다.

서대문형무소역사관의 감시 대상 카드 | 5·18민주화운동기록관의 시민군 사진

기억에 남는 사진으로 신미양요 당시 광성보 손돌목 돈대에서 희생된
조선군, 남루한 옷차림이지만 비장한 각오를 뿜어내는 의병들,
서대문형무소역사관의 수많은 감시 카드 속 독립운동가들, 영화 <김군>의
모티프가 된 5·18민주화운동기록관의 시민군, 이한열기념관에서 본
체류탄을 맞아 쓰러지는 이한열의 사진이 떠오른다.

보통 사진에는 당시 상황이 객관적으로 담겼다고 믿는다. 사진은
속이지 않는다는 것이다. 그러나 이런 막연한 믿음과 달리 사진은
촬영하는 사람의 목적에 따라 담기는 내용과 메시지가 달라진다. 사진은
실제로 매우 주관적이다. 내가 보고 싶은 것, 알려주고 싶은 것, 강조하고
싶은 것을 담는다. 때문에 사진을 제대로 보려면 누가 그 사진을 왜
촬영했는가를 질문해야 한다.

사진은 일정한 맥락 속에 존재한다. 어떤 사건이나 일을 둘러싼 흐름
속 한 장면을 포착한다. 그 때문에 사진이 역사적 자료로서 설득력을

얻으려면, 박물관에서는 사진을 둘러싼 앞뒤 맥락을 제시해야 한다. 관람객이 사진을 제대로 읽으려면 맥락이 꼭 필요하다. 맥락을 모르고 보는 사진과 알고 보는 사진은 확연히 다르게 다가온다.

맥락 읽기의 중요성을 일깨워준 사진은 신미양요 때 찍힌 광성보 손돌목 돈대 전투 사진이다. 사진을 자세히 보면 전투 직후인 듯 수많은 주검이 처참하게 흩어졌다. 주검의 옷차림으로 보아 조선군이다. 흑백사진을 자세히 보지 않으면 전투 뒤 어수선한 상황으로 지나치기 쉽다. 그리고 미군이 광성보 전투에서 빼앗은 수(帥)자기를 배경으로 찍은 사진도 빼놓을 수 없다. 막연히 조선군이 패해서 대장 깃발을 빼앗겼구나

광성보 손돌목 돈대 전투

생각하기 쉽다. 이 사진들에는 어떤 맥락이 숨어 있을까?

1871년 미국은 아시아함대 소속 군함 5척을 강화도 근처로 보냈다. 1866년 대동강에서 통상을 요구하며 행패를 부리다 침몰한 제너럴셔먼호 사건의 책임을 따지고 미국 배가 위험에 처했을 때 안전하게 구조하고 보호하는 협상을 하기 위해서라는 이유를 내세웠다. 하지만 최종 목표는 병인양요를 일으켰던 프랑스와 마찬가지로 무력시위로 조선의 문을 열고 교역을 하기 위해서였다. 미국은 1854년 일본에서 성공을 거둔 이 방법을 조선에도 적용하려고 했다. 그때 미군과 함께 펠리스 비토와 올렛이라는 사진사가 왔다. 이들은 우리나라 역사상 처음으로 전투 장면을 사진으로 기록했다.

음력 4월 23일, 미군은 며칠 전 손돌목에서 당한 선제공격을 핑계 삼아 강화도 입구에 있는 초지진을 함포로 공격했다. 그 뒤 별다른 저항 없이 초지진에 입성했다. 다음 날 덕진진을 함락시킨 미군은 곧이어 핵심 기지인 광성보를 공격했다. 어재연 장군이 이끄는 600여 명의 조선군이 방어하던 광성보에서 가장 치열한 전투가 벌어졌고, 당시 전투 현장이 사진으로 남았다. 여기저기 널브러진 이들은 전투에서 희생당한 조선군이었다. 《고종실록》에는 조선군 53명이 전사했다고 기록되었으나 미국 쪽 기록에는 243명이 전사했다고 기록되었다. 이때 미군은 3명이 전사했다.

처참하게 쓰러진 조선 군인들은 미군과 최후까지 맞서 싸운 그저 아무개 병사들로, 자신의 죽음이 사진으로 남으리라고는 상상하지 못했다. 당시 전투 상황을 슐레이 소령은 이렇게 기록했다.

"조선 수비군은 결사적으로 싸웠다. 미군은 함성을 지르며 진격해 들어갔고, 탄약을 갈 시간도 없었던 조선군은 창과 칼로 방어했다. 그러나 대부분은 무기도 없이 맨주먹으로 싸웠고, 모래를 뿌려 상대방의 눈에 손상을 주려 했다. 그들은 끝까지 항전했고, 수십 명은 총탄을 맞아 나뒹굴었다. 어떤 자는 스스로 목을 찔러 자결하거나 물속으로 투신했다."(강화역사박물관 전시실 설명글)

이 글을 읽고 사진을 다시 보면 같은 사진도 달라 보인다. 미군은 광성보를 점령하고 수자기를 빼앗았다. 수자기는 전투에서 사망한 어재연 장군의 대장기였다. 당시 수자기를 빼앗기지 않기 위해 조선군 여러 명이 온몸에 수자기를 단단히 묶었지만 아무 소용 없었다. 미군은 수자기를 빼앗고 광성보에 자신들의 승리를 알리는 성조기를 게양했다. 그들은 광성보를 공격하다 죽은 매키 중대장을 기념해 광성보를 매키 요새라 이름 붙였다. 미군은 빼앗은 수자기를 배에 걸어놓고 기념사진을 촬영했다. 수자기 앞 군인들은 광성보에서 수자기를 빼앗은 퍼비스, 브라운, 틸턴 대위였다. 가장 오른쪽에 있던 틸턴 대위는 승리를 기억하자는 사진사의 제안으로 사진을 찍었다고 기록했다. 광성보에 휘날리던 깃발은 전리품이 되어 기념사진 속으로 들어갔다.

전리품이 되어 미국으로 갔던 수자기는 2007년 136년 만에

수자기 앞에서 사진을 찍은 미군들

미국으로부터 장기 임대를 받아 우리나라로 돌아왔다.

　이 두 장의 사진은 미군의 입장을 대변한다. 사진 속 미군은 압도적인 무력으로 승리한 주인공인 반면 조선군은 변변찮은 무기로 미군과 싸우다 패배한 상대로 묘사되었다. 만약 조선군이 사진을 촬영했다면 사진의 내용은 달랐을 것이다. 맥락이 부여된 사진은 역사책에서 설명하는 신미양요와 다른 울림을 전한다. 승리와 패배, 쇄국과 개화라는 담론에 앞서 사진 속 조선군이 역사의 현장에서 살아있던 한 인간이었음을 역설한다.

맥락으로 읽는 의병 사진의 의미

근현대사 박물관에서 자주 보는 또 하나의 사진은 한 장의 의병 사진이다. 비장한 각오가 뿜어져 나오는 이 사진은 애틋하고 뭉클하고 때로는 서글프다. 간혹 어떤 박물관에서는 이 사진을 아무런 이야기 없이 사진만 보여주거나 혹은 다른 의병과 기자 사이에 나눈 대화의 일부만 덧붙여 소개하는 정도로 전시한다. 이럴 때면 이 사진을 아끼는 나로서는 아쉽고 허전하다.

매켄지가 촬영한 의병

나는 기회가 될 때마다 몇 가지 질문으로 사진 읽기를 시작한다.

"사진을 촬영한 사람은 누구일까, 언제 찍었을까, 사진 속 인물들은 무엇을 하고 있을까, 사진 속 인물들의 나이와 복장이 다른 이유는 무엇일까, 이들의 총구는 누구를(무엇을) 향하고 있을까?"

이 사진을 촬영한 매켄지는 대한제국에 온 영국인 기자였다. 1907년 헤이그 특사 사건으로 고종 황제가 강제로 물러나고 군대마저 해산당하자 전국 각지에서 일본에 대항하는 의병이 들불처럼 일어났다. 그러자 일본은 의병들을 양민을 죽이고 재산을 빼앗고 관청과 민가를 불태우는 범죄자 집단이라고 매도했다. 반면 의병은 대한제국을 악의 구렁텅이에 빠뜨린 일본을 물리치기 위해서 끝까지 싸울 것을 다짐했다. 한양에서 양쪽 이야기를 다 들은 매켄지는 의병의 정체가 무엇인지, 어떤 사람들인지 두 눈으로 확인하기 위해 현장으로 가서 의병을 만나기로 결정했다. 그는 스스로 위험을 무릅쓰고 불확실한 세계로 들어갔다. 그의 지인들은 대부분 그가 살아 돌아오기 힘들 거라고 생각했다.

사진 속 인물들은 누구일까?

의병을 찾아 경기도와 충청도를 헤매던 매켄지는 지금의 양평 부근에서 그토록 만나려던 의병들을 느닷없이 만났다. 의병을 이끌던 젊은이는 매켄지에게 자기들은 일본군과 싸우다 죽겠지만, 일본의 노예로 사는 것보다 자유인으로 살다 죽겠다는 각오를 밝혔다.

매켄지가 만난 이 의병들은 '보잘것없는 무기와 부족한 화약을 휴대한 초라한 모습'이었지만 그들은 자유인으로 살기 위한 기개로 강력한 무기로 무장한 일본군을 상대했다.

매켄지는 이 의병들을 만난 뒤 강변을 걷다 다른 의병들을 만났다. 이때 영국인이라고 소리치지 않았다면 일본인으로 오인받아 하마터면 조준 사격을 받을 뻔했다. 영국인이라는 사실을 안 의병 20여 명은 손이 닿을 만한 거리에서 벌떡 일어나 매켄지 일행에게 다가왔다. 신식 군대 복장을 한 젊은이가 의병을 이끌고 있었다. 그들은 매켄지에게 정중히 사과했다. 뒤이어 한 청년이 당신이 소리치지 않았다면 당신에게 총을 쐈을 거라고 말했다.

매켄지는 자신을 죽일 뻔한 의병들에게 기자로서 꼭 필요하지만 의병들에게는 목숨이 달린 부탁을 한다. 바로 그들의 모습을 사진에 담는 일이다. 그러자 대장인 신식 군대 복장을 한 청년이 사진 오른쪽에서 칼을 들고 포즈를 잡았다. 열여섯 살을 넘지 않아 보이는 청소년 의병은 사진 왼쪽에서 힘차게 총구를 내밀었다. 사진 어딘가에 매켄지를 쏘려던 청년이 자리 잡았을 것이다.

당시 쓰러져가는 나라를 다시 세우는 일은 나이와 신분과 직업을 뛰어넘었다. 그들 가운데 군사 훈련을 받은 정규군 출신은 소수였다. 매켄지가 노동자라고 표현한 사람들이 나라를 구하기 위해 목숨을 내놓고 의병 대열에 합류했다.

사진을 찍고 싶다는 부탁을 받은 의병들은 순간 고민했을 것이다. 사진을 찍는다는 건 자기가 의병이라는 증명사진을 남기는 것과 다름없으며, 그건 죽음을 의미했다. 그들은 사진을 찍기로 결심하고 최대한 기개 넘치는 자세를 잡는다. 이 사진으로 자신들이 왜 총을 들었는지 전 세계에 알려지기를 기대하면서, 또 후세의 누군가가 자신들을 기억해주기를 바라면서. 이듬해 매켄지는 《대한제국의 비극》을 펴내 의병과의 약속을 지켰다.

기개 넘치고 당당한 의병 사진은 이렇게 탄생했다. 우리가 볼 수 있는 의병 사진은 대부분 일제에 의해 촬영되었는데, 체포당하거나 구타를 당해 초라하고 비참해 보이는 사진들이다. 그래서 그럴까, 100여 년이 넘어서도 여전히 큰 울림을 전하는 이 사진은 <미스터 선샤인> 같은 드라마를 탄생시켰다.

다시 의병 사진을 보면 의병들이 사진 속에서 튀어나올 것처럼 보인다. 이야기의 맥락은 사진 속 사람들에게 숨결을 불어넣는다.

유물 목록 및 소장처

1장
- 황남대총 북분 금관, 신라 5세기, 국보 191호, 국립중앙박물관
- 금관총 금관, 신라 5세기, 국보 87호, 국립경주박물관

2장
- 농경문 청동기, 청동기시대 BCE 4세기, 보물 1823호, 국립중앙박물관
- 대동여지도, 김정호, 조선 1861년, 국립중앙박물관
- 대동여지도 목판, 김정호, 조선 1861년, 보물 1581호, 국립중앙박물관

3장
- 백자 태호, 조선 15세기, 보물 1055호, 호림박물관
- 분청사기 상감연판문 개, 조선 15세기, 호림박물관
- 서산, 조선 19세기, 호림박물관
- 경서통, 조선 19세기, 호림박물관
- 자리짜기, 〈김홍도 필 풍속도 화첩〉, 김홍도, 조선 18세기, 보물 527호, 국립중앙박물관
- 무령왕 금제 관식, 백제 6세기, 국보 154호, 국립공주박물관
- 무령왕비 금제 관식, 백제 6세기, 국보 155호, 국립중앙박물관
- 익산 미륵사지 서탑 출토 사리장엄구, 백제 639년경, 보물 1991호, 국립익산박물관
- 측주, 백제 7세기, 국립부여문화재연구소

4장
- 금동 대세지보살 좌상, 고려 14세기, 보물 1047호, 호림박물관
- 장안사, 〈정선 필 풍악도첩〉, 정선, 조선 1711년, 보물 1875호, 국립중앙박물관
- 금동 관음보살 좌상, 고려 14세기, 보물 1872호, 국립춘천박물관
- 주먹도끼, 연천 전곡리 출토, 구석기시대, 국립중앙박물관

5장
- 금관총 금관, 신라 5세기, 국보 87호, 국립경주박물관
- 서봉총 금관, 신라 5세기, 보물 339호, 국립경주박물관
- 경주 호우총 출토 청동 '광개토대왕'명 호우, 고구려 415년, 보물 1878호, 국립중앙박물관
- 도기 기마인물형 명기, 신라 6세기, 국보 91호, 국립중앙박물관
- 금령총 금관, 신라 6세기, 보물 338호, 국립중앙박물관
- 금동 식리, 신라 6세기, 국립중앙박물관
- 경주 천마총 장니 천마도, 신라 6세기, 국보 207호, 국립경주박물관
- 천마총 금관, 신라 6세기, 국보 188호, 국립경주박물관
- 경주 천마총 장니 천마도 복제, 천마총 유물전시관
- 황남대총 북분 금관, 신라 5세기, 국보 191호, 국립중앙박물관
- 경주 98호분 남분 유리병 및 잔, 국보 193호, 국립중앙박물관

6장
- 청동 양각항해문 '황비창천'명 팔릉경, 고려, 호림박물관
- 청자 사자형 향로, 고려 12세기, 국립해양문화재연구소

7장
- 초조본 아비달마식신족론 권12, 고려 12세기, 국보 267호, 호림박물관

10장
- 청자 상감운학문 매병, 고려 13세기, 국보 68호, 간송미술관
- 무구정광 대다라니경, 통일신라 8세기, 국보 126호, 불국사성보박물관
- 천상열차분야지도 각석, 조선 1396년, 국보 228호, 국립고궁박물관
- 혼일강리역대국도지도(모사본), 조선 15세기 지도의 모사, 서울대학교 규장각한국학연구원
- 도기 기마인물형 명기, 삼국 6세기, 국보 91호, 국립중앙박물관
- 성덕대왕신종, 통일신라 771년, 국보 29호, 국립경주박물관
- 청자 철화모란당초문 난주, 고려 12세기, 호림박물관

11장
- 하남 하사창동 철조 석가여래 좌상, 고려 10세기, 보물 332호, 국립중앙박물관
- 금동 반가사유상, 삼국 6세기, 국보 78호, 국립중앙박물관
- 개성 경천사지 십층석탑, 고려 1348년, 국보 86호, 국립중앙박물관

14장
- 하남 하사창동 철조 석가여래 좌상, 고려 10세기, 보물 332호, 국립중앙박물관
- 석조 약사불 좌상, 통일신라 9세기, 국립중앙박물관
- 경주 감산사 석조 미륵보살 입상, 통일신라 719년, 국보 81호, 국립중앙박물관
- 경주 감산사 석조 아미타불 입상, 통일신라 719년, 국보 82호, 국립중앙박물관
- 석조 비로자나불 좌상, 통일신라 9세기, 국립중앙박물관
- 철조 불 좌상, 고려 11세기, 국립중앙박물관

15장
- 황남대총 북분 금관, 신라 5세기, 국보 191호, 국립중앙박물관
- 개성 경천사지 십층석탑, 고려 1348년, 국보 86호, 국립중앙박물관
- 금동 반가사유상, 삼국 7세기, 국보 83호, 국립중앙박물관
- 김정희필 세한도, 김정희, 조선 1844년, 국보 180호, 국립중앙박물관

16장
- 몽유도원도, 안견, 조선 1447년, 일본 덴리대학교 도서관
- 김정희필 세한도, 김정희, 조선 1844년, 국보 180호, 국립중앙박물관
- 백자 청화송하초옥문 병, 서울시 유형문화재 197호, 호림박물관

17장
- 금동 반가사유상, 삼국 7세기, 국보 83호, 국립중앙박물관

18장
- 무령왕 금제 관식, 백제 6세기, 국보 154호, 국립공주박물관
- 무령왕비 금제 관식, 백제 6세기, 국보 155호, 국립중앙박물관
- 무령왕릉 지석, 백제 6세기, 국보 163호, 국립공주박물관
- 무령왕릉 석수, 백제 6세기, 국보 162호, 국립공주박물관

19장
- 감지금니 대방광불화엄경보현행원품 권34, 고려 1334년, 보물 752호, 호림박물관
- 태평성시도, 조선 18세기 말~19세기 초, 국립중앙박물관

20장
- 청자 죽순모양 주전자, 고려 12세기, 보물 1931호, 국립중앙박물관
- 청자 참외모양 병, 고려 12세기, 국보 94호, 국립중앙박물관
- 청자 상감운학문 매병, 고려 13세기, 국보 68호, 간송미술관

21장
- 씨름, 〈김홍도 필 풍속도 화첩〉, 김홍도, 조선 18세기, 보물 527호, 국립중앙박물관
- 단발령망금강, 〈정선 필 풍악도첩〉, 정선, 조선 1711년, 보물 1875호, 국립중앙박물관
- 백천교, 〈정선 필 풍악도첩〉, 정선, 조선 1711년, 보물 1875호, 국립중앙박물관
- 이인문 필 강산무진도, 이인문, 조선 19세기, 보물 2029호, 국립중앙박물관
- 매화초옥도, 전기, 조선 19세기, 국립중앙박물관
- 산수도, 김수철, 조선 19세기, 국립중앙박물관

22장
- 백자 반합, 조선 15세기, 보물 806호, 호림박물관

23장
- 백자 달항아리, 조선 18세기, 호림박물관
- 백자 달항아리, 조선 18세기, 보물 1437호, 국립중앙박물관
- 백자 달항아리, 조선 18세기, 국립중앙박물관
- 달을 보고 짖는 개(출문간월도), 김득신, 조선 19세기, 국립중앙박물관

24장
- 백자 철화시명 전접시, 조선 1617년 또는 1677년, 호림박물관
- 청자 양각연당초문 표형 병, 고려 12세기, 국립중앙박물관
- 백자 양각매화쌍학문 계영배, 조선 19세기, 국립중앙박물관
- 청주 명암동 출토 '단산오옥'명 고려 먹, 고려, 보물 1880호, 국립청주박물관
- '제숙공처'명 청동 저, 고려, 국립청주박물관

25장
- 전 원주 흥법사지 염거화상탑, 통일신라 844년, 국보 104호, 국립중앙박물관
- 개성 남계원지 칠층석탑, 고려 11세기, 국보 100호, 국립중앙박물관
- 서울 홍제동 오층석탑, 고려 11세기, 보물 166호, 국립중앙박물관
- 원주 영전사지 보제존자탑, 고려 1388년, 보물 358호, 국립중앙박물관
- 원주 천수사지 삼층석탑, 고려, 국립중앙박물관
- 원주 천수사지 오층석탑, 고려, 국립중앙박물관
- 이천 안흥사지 오층석탑, 통일신라 말~고려 초 10세기, 국립중앙박물관

27장
- 기성도병, 조선 19세기, 서울시 유형문화재 176호, 서울역사박물관
- 전 김홍도 필 평안 감사 향연도(부벽루연회도, 연광정연회도, 월야선유도), 전 김홍도, 조선 19세기, 국립중앙박물관

28장
- 청자 상감운학국화문 병형 주자, 고려 12세기, 보물 1451호, 호림박물관
- 화접도, 남계우, 조선 19세기, 국립중앙박물관
- 묘작도, 변상벽, 조선 18세기, 국립중앙박물관
- 군와아집도, 심사정·최북·김홍도, 조선 18세기, 국립중앙박물관

29장
- 분청사기 상감파도어문 병, 조선 15세기, 보물 1455호, 호림박물관
- 분청사기 상감모란류문 병, 조선 15세기, 보물 1541호, 호림박물관
- 분청사기 철화어문 접시 편, 조선 15세기, 국립중앙박물관
- 분청사기 조화어문 발 편, 조선 15세기, 국립전주박물관
- 분청사기 조화어문 장군, 조선 15세기, 국립중앙박물관
- 분청사기 철화어문 병, 조선 15세기, 국립중앙박물관
- 분청사기 상감연화수금문 매병, 조선 15세기, 국립중앙박물관
- 백자 철화운룡무 호, 조선 17세기, 국립중앙박물관

30장
- 어재연 장군 수자기, 조선, 강화전쟁박물관 보관(원 소장처는 미국 해군사관학교박물관)

사진 제공

국립공주박물관, 국립중앙박물관, 국립청주박물관, 김종엽, 문화재청, 서울대학교 규장각한국학연구원, 서울역사박물관, 안민영, 정지욱, 한겨레신문사, 호림박물관

박물관의 최전선

1판 1쇄 인쇄 2021년 5월 10일 | **1판 1쇄 발행** 2021년 5월 15일

지은이 박찬희 | **펴낸이** 임중혁 | **편집** 김연희 | **디자인** 박진희

펴낸곳 빨간소금 | **등록** 2016년 11월 21일(제2016−000036호)

주소 (01021) 서울시 강북구 삼각산로 47, 나동 402호 | **전화** 02−916−4038

팩스 0505−320−4038 | **전자우편** redsaltbooks@gmail.com

ISBN 979−11−91383−03−4(03900)

• 책값은 뒤표지에 있습니다.